教育创新前沿丛书

刘坚　主编

国际教育创新案例分析

Analysis on International Education Innovation Cases

刘启蒙　李二民　嵇成中　等　编著

教育科学出版社
·北京·

出 版 人　李　东
责任编辑　王晶晶
版式设计　沈晓萌
责任校对　白　媛
责任印制　叶小峰

图书在版编目（CIP）数据

国际教育创新案例分析 / 刘启蒙等编著 .— 北京：教育科学出版社，2021.10（2021.12 重印）
（教育创新前沿丛书）
ISBN 978-7-5191-2806-7

Ⅰ.①国…　Ⅱ.①刘…　Ⅲ.①国际教育—研究　Ⅳ.①G51

中国版本图书馆 CIP 数据核字（2021）第 209159 号

教育创新前沿丛书
国际教育创新案例分析
GUOJI JIAOYU CHUANGXIN ANLI FENXI

出版发行	教育科学出版社		
社　　址	北京·朝阳区安慧北里安园甲 9 号	**邮　　编**	100101
总编室电话	010-64981290	**编辑部电话**	010-64989363
出版部电话	010-64989487	**市场部电话**	010-64989009
传　　真	010-64891796	**网　　址**	http：//www.esph.com.cn

经　　销	各地新华书店		
制　　作	浪波湾图文工作室		
印　　刷	唐山玺诚印务有限公司		
开　　本	720 毫米 ×1020 毫米　1/16	**版　　次**	2021 年 10 月第 1 版
印　　张	11.75	**印　　次**	2021 年 12 月第 2 次印刷
字　　数	142 千	**定　　价**	40.00 元

序 1

新时代呼唤教育创新

北京师范大学校长　董　奇

2014 年 9 月 9 日，习近平总书记莅临北京师范大学考察并同师生代表座谈，明确提出"'两个一百年'奋斗目标的实现、中华民族伟大复兴中国梦的实现，归根到底靠人才、靠教育"，倡导全国教师做有理想信念、有道德情操、有扎实学识、有仁爱之心的"四有"好老师，同时要求继续大力推动教育改革发展，使我国教育越办越好、越办越强。为积极贯彻习近平总书记重要讲话精神，服务新时代国家教育事业的创新发展，北京师范大学在深化教育人才培养工作、扎实推进"四有"好老师培养的同时，通过整合校内外资源，谋划推出了一批具有标志性、引领性、示范性的重大项目，旨在服务中国教育改革发展。中国教育创新成果公益博览会（简称"教博会"）就是这些项目之一。自创办以来，教博会已经成功举办五届，共展示教育创新成果四千多项，成功举办各种论坛一千七百多场，吸引超过八万人到现场参观，数百家媒体宣传报道，成为国内由高校主办、指向教育内涵发展、全面服务我国教育实践、完全公益性质的教育盛会，其专业品质、社会影响力逐年上升，对中国教育的创新发展产生了积极的影响。

教博会一直将聚焦教育内涵发展、追求学术性与专业性作为其最主要特质，力求做到三个坚持。

一是坚持聚焦教育内涵发展。教博会不单纯展示设施设备，而是把目光聚焦在可能给千千万万所学校、千千万万名孩子带来实际影响，直接关系到学校内涵发展的课程、学与教、评价、教师专业发展、校长领导力、制度变革等“软”领域，聚焦这些领域的优秀教育创新成果，给学校和教师提供变革教育的抓手和工具。

二是坚持以专业的眼光遴选优秀教育创新成果，以学术为基础策划活动。教博会主要承办单位北京师范大学中国教育创新研究院（简称“创研院”）提出的SERVE模型，清晰描述了优秀教育创新成果的核心标准，为教育创新成果的发现与遴选、培育与优化提供了有力的指导和帮助。创研院与美国21世纪学习联盟（简称“P21”）研发的21世纪核心素养5C模型（简称“5C模型”），得到了国内外同行的高度评价。SERVE模型和5C模型，为教博会构建专业权威的教育创新成果评价与遴选新机制，搭建透明、高效的教育创新成果培育和应用新平台，形成教育创新领域共同遵循的专业性和制度性框架，奠定了较为坚实的学术基础。

三是坚持让教博会成为思想激荡、观念碰撞的教育创新“学术嘉年华”。五年来，教博会展示了数千项优秀教育创新成果，成果来源地覆盖了国内所有省份（含港澳台地区），还包括联合国教科文组织等多个国际组织以及美国、加拿大、法国、芬兰、以色列等多个国家。同时，教博会还围绕教育热点和难点问题，举办各类专题论坛，吸引来自国内外的专家学者、一线优秀教育工作者及教育官员、公益慈善人士和企业界人士，围绕人的全面发展、科学技术与教育的未来、国际教育的创新趋势等话题，展开对话与交流。这些研讨对话，不仅为解决教育实践当中的问题提供了可资借鉴的方案，也为教育理论的探讨积累了宝贵的财富。

通过努力做到“三个坚持”，在全国各方力量的支持下，教博会发现了一大批针对性和可操作性强的优秀教育创新成果，有效引导教育工作者“把教育资源配置和学校工作重点集中到强化教学环节、提高教育质量上来”；初步建立了教育创新成果的梳理、提炼、推广、应用机制，使学校、教师可以获得丰富的用于解决具体教育问题的方案，为学校和教师按照教育规律及青少年成长规律开展教育教学提供强有力的资源；同时，借助这一机制，引导教育研究关注教育实践问题，增强教育研究的针对性，使教育研究成果可以有效地转化为现实生产力，真正惠及学校、教师和学生。

现在，创研院计划将他们这几年的相关研究成果、历届教博会展示的优秀教育创新成果及论坛精华结集成书，这是一件有意义的事情。这不仅有利于将经验理论化，把教育创新成果的发现和遴选机制标准化、体系化，进而系统梳理新时代的教育创新经验，尝试提炼中国教育创新的DNA，也有利于教育创新成果和思想的进一步传播，以惠及更多的学校、学生和教育工作者。

“十四五”时期，我国将进入新的发展阶段，在新发展理念引领下构建新发展格局，教育的主要发展任务是全面贯彻党的教育方针，坚持立德树人，建设高质量教育体系，培养德智体美劳全面发展的社会主义建设者和接班人。希望这套丛书能对我国教育系统开展教育创新、完成好“十四五”时期教育主要发展任务有所帮助。面向新的发展阶段，希望教博会进一步聚焦教育的主要发展任务，进一步调动教育界、企业界、公益界参与教育创新的主动性和积极性，形成合力，促进教育的良性发展；同时深入研究国际教育创新趋势，为国内教育创新提供借鉴和参考，力争为我国“十四五”时期教育改革发展做出新的贡献。

是为序。

2021年3月12日

序 2

人类教育一刻也不能停止创新

联合国教科文组织国际教育局前局长、中国教育创新成果公益博览会国际顾问

马洛普博士（Dr. M. Marope）

2019 年 11 月，我有幸受邀参加了在珠海举办的第五届中国教育创新成果公益博览会。其间，我参加了多场教育论坛，与众多教育同行交流，也参观了教育创新展览，所有这些都给我留下深刻印象，尤其是传统文化的创新让人欣喜，中国教育创新者把文化创新和教育创新很好地融合起来。教博会展示的教育创新项目丰富多彩，中国的教育创新者与美国、芬兰、日本、以色列等众多国家的同行一起分享了自己的创新实践与经验。

教育创新对每个人、每个国家都非常重要。人类教育一刻也不能停止创新。因此，创新在教育中应置于核心地位。教育者必须成为一个不断学习和创新的个体。只有这样，教育体系才能保持不断变革和拥抱未来社会的能力。中国的教育者非常重视创新的力量，你们的努力和成就将对世界产生深远的影响。

教育创新是一项持续的事业。如果教育不能持续创新，国家就不可能可持续发展。所以，必须通过创新推动教育与时俱进。但推动教育创新必须依靠多方力量，我们必须整合所有资源和创新成果，并将它们放在教育生态系统之中。

我们要重视教育工作者，重视创新者，因为他们是教育创新的推动者。当然，教育创新者不仅仅是学校的教师，各行各业的人都可以成为教育创新者，成为教育创新的参与者和贡献者。

我是一位教育工作者，同时也是一位母亲。我希望能够看到教育行业持续改善，让更多的孩子接受更高质量的教育。很多人都在抱怨教育，我们的教育体系确实没有很好地革新，但是在中国教育创新成果公益博览会上，我真实地看到了教育的未来，听到另一种声音——这是来自中国教育者的声音，这是中国教育创新的声音。

我在联合国教科文组织国际教育局（IBE）任职多年，我的职责就是倡导世界各国的同行持续地对教育进行革新，以长远的目光与时俱进，这样才能为本国也为世界教育做出贡献。

北京师范大学举办的中国教育创新成果公益博览会已经成为中国和世界教育创新的舞台和缩影，为中国教育创新者和不同国家的代表提供展示创新成果、进行思维碰撞的平台。

我欣喜地得知北京师范大学的同人正在将这些年的研究成果以及中国教育创新成果公益博览会汇聚的优秀成果结集成册，这无疑是极有价值和意义的事情。这套书可以让教育创新成果惠及更多的机构与个人，让教育创新的种子在更多国家和更多同行的心中生根发芽，而这终将结出硕果。

是为序。

2021 年 3 月 9 日

主编的话

我们为什么要大力推动教育创新

北京师范大学中国教育创新研究院院长　刘　坚

自 2014 年主持筹建中国教育创新研究院、萌发创办中国教育创新成果公益博览会的构想以来，我在不同的场合多次阐述了筹办创研院和举办教博会的初衷、对教育创新成果价值内涵与系统定位的思考。我和我的同事们也一直在不断思考和追问着“到底什么是教育创新”“为什么要大力推动教育创新”“为什么要通过发现、培育、推广教育创新成果来推动教育创新”“什么样的成果算得上一个优秀的教育创新成果”等问题。从事数学教育、课程改革、教育测评先后有 30 多年，我笃信草根的力量、民间的智慧对于教育改革和社会发展的重要作用。我相信如果仅仅依赖自上而下的行政推动，而没有自下而上的变革，先进的教育理念就无法转化为每一所学校和每一位教师的自觉意识和扎实行动。筹建创研院、聚焦教育创新成果、举办教博会、倡导“21 世纪核心素养 5C 模型”、搭建开放的公益平台，就是希望集聚全社会的教育智慧与力量，激发教育生产力，实现教育的可持续发展。

一、什么是教育创新，怎样才算得上一个优秀的教育创新成果？

自从有了“教育”，围绕着教育的创新与探索就从未停止过，但在教育研究中，真正将教育创新作为一个相对独立的研究领域加以重视却是最近一二十年的事。比如，世界教育创新峰会（World Innovation Summit for Education，WISE）创办于 2009 年，芬兰全球 K-12 教育创新 100（HundrED）于 2016 年成立。

我们梳理了全球推动教育创新的代表性组织或机构发布的教育创新报告以及学术界关于教育创新的研究成果，发现关于教育创新的论述大体可以分为两类。

第一类，对教育创新是什么做出描述或举例阐发其对教育创新的理解。《国际教育百科全书》认为，创新的概念是复杂的，它可以是一般性（教育）概念在不同教学背景下的应用，也可以是一个新的过程，但它能不能被称为（教育）创新，在于其所秉承的（教育）理念是不是新的，实际产生的效果能否达到预期目标，以及它能否被这个创新发起者以外的人所复制与运用。欧盟 2010 年发布的《发展创造性学习和支持创新教学》这一报告，将教育创新描述为“对一个过程或产品的创造与应用，它涉及新方法、新工具、新内容等，从而有利于学习者和他们的创造潜力的发展”。蒙托亚（R. Montoya）教授等人将教育创新界定为“一种新的过程、产品、服务或知识，它作为推动教育领域变革的引擎，能够帮助解决教学实践过程中产生的新问题或应对遇到的新形势”。

上述机构或研究者强调，不论是产生新的工具、产品、方法还是手段，教育创新首先要为解决教育教学实践问题服务。

第二类，侧重对教育创新包含的内容进行梳理。联合国儿童基金会教育创新中心 2014 年发布的《推广之路》这一报告指出，“创新既包括对现有（教育）过程的干预，也包括对（教育发展过程中）新规范和新信念的传播”。经济合作与发展组织 2019 年在《教育创新评估 2019：课堂教学发生的变化》中提出，教育创新包括产品创新和过程创新两种类型。WISE 官方网站上公布的教育创新评估标准包括首创性、效果与影响程度以及教育管理与可持续性三方面。芬兰全球 K-12 教育创新 100 在 2020 年教育创新年报中指出，一项教育成果要算作创新，必须同时符合两项标准：（1）为当前教育带来可评估的、有价值的改进，并且这种价值必须在实践环境中经历 1 年以上的检验；（2）该项成果能够迁移到其他背景当中，或者其核心技术与实践要领可以为其他背景下的教育工作者所迁移和使用。

上述两类论述虽各有侧重，但仔细分析会发现，无论是对教育创新的理解还是对优秀教育创新成果的分析，都与我们 2015 年发表的《好的教育创新成果什么样》一文的观点高度契合。

筹备首届教博会时，我们在广泛调研和论证基础上，用三个属性来界定“什么是优秀教育创新成果”，即教育属性、创新属性和“产品”属性。教育属性，强调的是教育创新成果要尊重教育规律，尊重学生身心发展规律。创新属性，强调的是教育创新成果为解决教育问题提供了新路径和新方法。创新既可以是突破性的，也可以是微小的；既可以是新技术的使用，也可以是组织方式的变革，还可能是新的教育内容和工具的开发。但无论是哪种创新，它们都应该有助于解决教育问题。“产品”属性，强调的是教育创新成果的可复制、可应用和可推广。

在三个属性基础上，我们进一步提炼出教育创新成果的 SERVE 模型（见图 1）。一项优秀的教育创新成果应具有正确的价值理念，针对特定的对象和问题有系统科学的解决方案，同时建立了可复制可推广的标准规则，形成了可重复的成功实践案例。于是我们得到了这样一个公式：解决方案（Solution）+ 实践案例（Example）+ 标准规则（Rule）+ 价值理念（Value）+ 服务于教育（Education）= 优秀教育创新成果（SERVE）。后来，又将“服务于教育”优化为“教育问题”，即将“指向明确的、本源性的教育问题”作为优秀成果的一项重要指标。

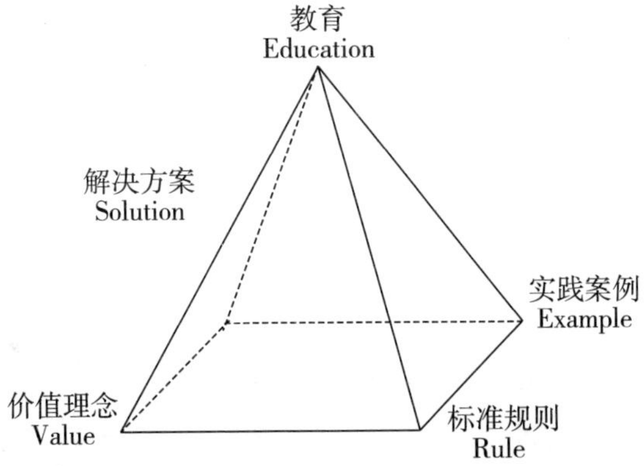

图 1　教育创新成果的 SERVE 模型

到底什么是教育创新？今天，我尝试给它下一个定义。所谓教育创新，是指“在符合教育规律和学生成长规律的前提下，为解决教育问题或改进教育实践提供新的解决方案，同时该方案被实践证明是有效且可复制可推广的”。

二、为什么要大力推动教育创新？

教育创新在任何一个时期都是推动教育发展的关键要素，但对教育创新的渴求从未像今天这么迫切。

习近平总书记在多个重要场合屡次强调要深化教育改革创新；众多国际组织和研究机构在最近十余年间不约而同地对教育创新展开系统研究。这些显然与时代变革带来的环境变化、教育发展到特定阶段凸显出来的问题和对教育本质的持续思考有着密切的联系。

时代变革带来的环境变化，呼唤教育创新。当今世界正经历百年未有之大变局。一方面，新科技革命和产业变革的时代浪潮奔腾而至，人类进入信息时代乃至“社会 5.0”的超智能时代，这将对人类生产模式、生活方式、价值理念产生深刻影响，时代赋予每个人的责任及能力要求不断增加：工业时代更强调基本读写算、逻辑思维，人工智能时代则对智能计算思维、审辨思维、沟通、合作等核心素养提出新的要求。另一方面，世界上主要国家之间的力量对比正在发生变化，潜在的“两极化”和“双中心”给我国发展的国际环境带来巨大的不确定性，迫切需要我国以高质量教育支撑人才强国和国家创新体系建设，形成以国内教育大循环为主体、国内国际双循环相互促进的新发展格局。也因此，我们需要思考如何进一步发挥中国特色社会主义教育制度体系的优势，立足中华优秀传统文化和现实土壤，形成教育改革与发展的中国方案，提升中国教育国际影响力。以上种种都对教育创新提出了新需求。

教育发展到特定阶段凸显出来的结构性问题，呼唤教育创新。新中国成立以来，特别是改革开放以来，我国教育事业发生了翻天覆地的变化，但也出现了一系列问题：我国学生纸笔测试成绩在全球名列前茅，但平均学习时间远超其他国家学生水平；学生主观幸福感、合作式问题解决能力、从事科学研究的意愿等，远远低于国际平均水平。这一系列现象所反映出来的是我们现行教育体系、社会文化土壤和人事管理制度过度关注分数、过度关注标准答案、过度关注学历，造成评价标准“简单粗暴”、学校办学“无视规矩”、学生发展“缺乏活力”等。这些问题不解决，很可能导致我国教育发展落入“学业过剩陷阱”。它与“不科学”的教育评价“指挥棒”、评价内容和手段单一、教育治理能力陈旧落后、家庭教育严重缺位、社区教育整体缺失、文化环境趋于功利等问题息息相关。我们不能简单地将“学业过剩陷阱”归结为其中某一个或某几个方面的问题，需要通过系统的教育创新探索有效的解决方案，促进教育体系转型升级。

对教育本质问题的不断追问，呼唤教育创新。对教育本质的追问促使我们在教育创新的道路上不断前行。教育本质上所追求的是为人的全面而自由的发展服务，只要当前的教育模式与实现人的全面而自由的发展目标仍有距离，那么对教育本质的追问就不会停止。教育创新的目的不是创新本身，而是实现更加美好的教育，让当下的教育最大限度地促进每一位受教育者更加充分、更为全面、更有个性地自由发展。教育创新永远在路上。这也是我们从筹备教博会伊始，在对教育创新内涵的讨论中，在建立优秀教育创新成果评价体系时，始终把“教育价值追求”视为最基本、最重要的原则的原因。我们十分清晰地向全社会传递这样的信息：教博会拒绝“应试产品”，不能让“应试教育”的落后产能寻找到新的传播渠道和新的市场；教博会拒绝纯粹的仪器设备，除非有证据证明其可以有效解决特定的教育问题；教博会拒绝单纯的论文和图书展示，希望更多的教育研究工作者投身改进教育的实践，解决现实问题。

三、通过发现、培育、推广教育创新成果推动教育创新

“知者行之始，行者知之成。”经过 40 多年改革开放、近 20 年新课程改革的洗礼，广大教育工作者已经从思想上接受了以学生发展为本的教育理念，可现实中教育理念与实践之间依然存在巨大的鸿沟。

需要给一线教育工作者提供哪些帮助，才能促使先进的理念转化为实践？

我们团队基于对教育创新本质的思考和广泛深入的调查，决定以发现、培育和推广优秀教育创新成果为切入点，依托创研院举办教博会，汇聚社会各界力量为广大教育工作者提供高品质、更多元的专业支持和服务，从而促进学生全面、健康、快乐成长。这是一项具体的举措，但很可能给我国基础教育发展带来实质性影响。

通过举办教博会，发现、培育、推广优秀教育创新成果，至少具有以下四方面的价值与意义。

第一，推动教育内涵发展，将教育创新转化为现实生产力。改革开放以来，特别是进入 21 世纪以来，我国教育取得了巨大成就，但教育实际发展水平仍无法很好地满足国家社会经济发展需求和人民群众的需要，主要表现为：应试倾向依然突出，中小学生的社会责任感、创新精神和实践能力亟待提高；很多教师拥有先进的教育理念，但无法将之转化为有效的教育教学行为和实践；教育研究成果不少，但大部分不能得到有效推广和大面积应用。之所以出现这些问题，与我国长期缺乏教育创新成果培育平台，没有建立一套行之有效的发现、培育、推广教育创新成果的机制有密切关系。举办教博会，将有助于建立教育创新成果的梳理、提炼、推广、应用机制，使学校、教师可以获得丰富的用于解决具体教育问题的方案，为学校和教师遵循教育规律、落实教育政策、开展日常教育活动提供可应用的便捷资源；同时，借助这一机制，还可以引导教育研究者关注教育实践问题，增强教育研究的针对性，使教育研究成果可以有效地转化为现实生产力，真正惠及学校、教师和学生。

第二，促进教育公平，提升教育质量，实现教育可持续发展。2020 年 11 月中共中央在《关于制定国民经济和社会发展第十四个五年规划和二〇三五年远景目标的建议》中明确要求建设高质量教育体系，要求“坚持教育公益性原则，深化教育改革，促进教育公平，推动义务教育均衡发展和城乡一体化，完善普惠性学前教育和特殊教育、专门教育保障机制，鼓励高中阶段学校多样化发展”。通过举办教博会，发现一大批针对性和可操作性强的优秀教育创新成果，可以有效引导广大教育工作者“把教育资源配置和学校工作重点集中到强化教学环节、提高教育质量上来”。这对于办好每一所学校、帮助每一位教师、发展每一个学生、实现教育可持续发展具有十分重大的现实意义。尤其是在广大中西部和农村地区开展教育创新成果的有效应用和推广，必将能为缩小城乡与地区的教育差距和全面提升我国教育质量提供切实有效的帮助。

第三，最大限度发挥市场的主体作用，加速推动教育治理现代化。长期以来，从政策制定、人员配置、资金拨付到课程研制、教师培训、教学指导、考试评价、督导评估，政府几乎无所不包、无所不能，转变教育治理方式、提升教育治理能力迫在眉睫。2019 年 6 月中共中央、国务院发布的《关于深化教育教学改革全面提高义务教育质量的意见》鼓励采用购买服务等方式，为学生提供高质量服务。正如李克强总理所说："我们要让市场发挥决定性作用，让企业发挥自我竞争、自我淘汰的积极意识。"发现、培育、推广优秀教育创新成果，可以有效引导企业充分发挥主动性与创造性，发挥市场在资源配置中的主体力量，为中小学教育工作者提供更为科学、更加专业、更加丰富便捷的资源支持，为政府转变职能、改善教育治理方式、全面提升教育治理能力、实现教育治理现代化创造良好的环境与条件。

第四，鼓励和引导企业更好地履行社会责任，激发全社会教育创新活力。随着社会的不断进步，企业的社会责任意识不断增强，企业对教育的捐赠规模不断扩大。目前企业捐赠主要集中于建校舍买桌椅，这些捐赠对提升学校基本办学条件、改善学生学习环境起到了很好的作用，但随着学校基本办学条件的不断改善，教育"软件"方面的问题越来越突出。逐步建立广泛吸收公益基金参与教育内涵发展的新机制，形成包括企业、基金会、学校、政府及不同类型机构和社会团体在内的跨界合作平台，广泛交流和展示从教师、校长、教育研究者到社会机构等不同主体的教育创新成果，尊重并保护个体的首创精神，可以极大地激发社会各方面的创造潜力，使教育创新成果不断涌现；同时，建立专业的教育成果甄别和筛选机制，为政府、企业和公益基金组织推荐优秀教育创新成果，可以极大地推动社会捐赠从扶贫型、消耗型教育捐赠向促进教育内涵发展的可持续捐赠转变，帮助企业更好地履行社会责任，激发全社会参与教育、促进教育内涵发展的创新活力。

四、21 世纪核心素养 5C 模型：聚焦教育本质，为创新指引方向

为更好地推动教育创新，在办好教博会的同时，创研院这几年还开展了一系列研究。“21 世纪核心素养 5C 模型”可以说是其中的代表。

近年来，21 世纪核心素养教育日益引起全球关注，甚至成为许多国家和地区制定教育政策、开展教育改革的基础。创研院对此也非常关注。

2015 年，WISE 首席执行官伊安努卡（S. N. Yiannouka) 来访，鉴于双方对梳理全球范围内核心素养教育及其发展状况都表现出强烈兴趣，WISE 决定委托创研院就此开展专项研究。随后，我们组织了一个 30 余人的研究团队，历时一年完成《面向未来：21 世纪核心素养教育的全球经验》研究报告，同时发布中文、英文、阿拉伯文多种版本，引发国内外广泛关注。时任美国 21 世纪学习联盟首席执行官的罗斯（D. Ross）博士也注意到这份报告。2017 年，罗斯博士到访创研院，双方经深入讨论形成共识，决定开展联合研究。这项合作旨在有效整合双方在 21 世纪核心素养方面的已有研究成果，引入 P21 在 21 世纪技能的框架、内涵、实施、评价等方面的长期积累，开发一套既具有中国特色、适合在中国使用，又符合国际话语体系、便于国际推广的核心素养框架。经过一年多的努力，双方于 2018 年发布了《21 世纪核心素养 5C 模型》研究报告。新的框架主要弥补了 P21 提出的 4C 模型在身心健康、自我管理、人生规划、价值取向、道德伦理等方面存在的结构性缺失，增加了一个新的素养——“文化理解与传承素养”。新增的“文化理解与传承素养”，对任何一个国家或民族的人才培养都具有指导意义。对于我国学生而言，该素养是一个中国人具有中国根基、带有中国印记的体现，优秀传统文化是涵养身心、规范品行、丰富人性不可替代的精神土壤，为其他素养提供价值指引。罗斯博士在成果发表时的致辞中讲道：“当得知北京师范大学团队在把核心素养 4C 的内涵及其研究基础向前大大推进一步的同时，将 4C 扩展到涵盖文化理解与传承的 5C，从而弥补了我们既有框架中的空白，P21 的团队倍感兴奋。5C 模型是一种创新，应该受到各国教育工作者的欢迎。”这是

一份由中国团队牵头、中美学术团队深度合作提供的，面向全球、围绕核心素养教育的中国解决方案。

截至目前，教博会已成为国内外优秀教育成果的汇聚之地，这些成果有的来自国内（涉及所有省份），有的来自联合国教科文组织等多个国际组织以及美国、加拿大、法国、芬兰、以色列等多个国家，总计四千多项教育创新成果通过这个平台得到展示和传播。

教博会也是教育创新者思想激荡、观念碰撞的“学术嘉年华”。教博会先后举办了一千七百多场论坛，诺贝尔奖获得者、中国两院院士、世界著名教育家与企业家等数百位嘉宾参加教博会，在这里与大家分享他们对教育创新的思索和展望。

同时，教博会和创研院也在积极发挥教育创新“思想库”和“智囊团”的作用。创研院在教博会上先后发布了《中国教育创新成果评估报告》《国际教育创新动态分析报告》《如何促进教育类科技型民营企业高质量发展调研报告》等一系列与教育创新发展有关的报告，在业内和社会上引发了积极反响。

如今，创研院成立已逾六年，教博会也成功举办五届。我想可以做一个阶段性的总结了：把这几年创研院所做的研究、探索和教博会上汇聚的优秀教育成果、部分论坛嘉宾发言加以汇总梳理。这不仅是在沉淀资源，也是对教育创新的再次传播。

于是有了这套“教育创新前沿丛书”。

作为“主编的话”，虽然篇幅已经有点长，但有几句话我还是要说。

感谢北京师范大学的决策者们，是他们的远见卓识和敢于担当，让教博会得以呈现给世人并发展壮大，成为世界上唯一一个由大学发起的大型教育博览会。2015 年当我和我的团队有了创办教博会的念头时，董奇校长、陈光巨副校长、陈丽副校长第一时间给予全力支持，帮助协调一切可提供的资源；程建平教授作为一名核物理学家，出任学校党委书记后，对北京师范大学主办教博会给予了更加特殊的政策安排和经费保障，使教博会可以完全以公益性质运行；王守军副校长更是事必躬亲，全力为教博会保驾护航。作为一名大学教师，还有什么比这更觉自豪的呢？我们生逢大有作为的时代！感谢所有以各种方式鼓励、支持、参与创研院和教博会工作的北京师范大学各级领导和师友，感谢全国乃至全球的朋友。因为你们，我们选择坚守。

最后，感谢我的团队。一同朝夕相处、患难与共的伙伴们，我们共事，你们的付出永远比获得多，你们疲惫的身影、委屈的泪花，是我心中挥之不去的痛和永远的愧疚。我要说的是，如有来世，我还会找你们一起“创业”——为了每一个孩子的幸福成长，为了中华民族的伟大复兴，为了共建人类美好的家园！

2021 年 3 月 11 日

本书说明

北京师范大学中国教育创新研究院自 2015 年起举办中国教育创新成果公益博览会（以下简称“教博会”），截至目前，教博会已成功举办五届。教博会不仅广泛汇聚国内教育创新成果，还吸引了一大批国外优秀教育创新机构携最新成果参展。这些成果展现了不同组织机构在推动教育创新上的特点与关注的焦点，为我国教育从业者更好地推动教育创新提供了不同思路与丰富经验。为系统呈现国际教育创新最新动态，反映不同组织机构当前教育创新研究与实践前沿进展，我们在全球范围内遴选了 19 家具有广泛影响力、在推动教育创新方面具有一定代表性的组织机构，对他们正在推动的研究进行梳理、分析，形成《国际教育创新动态分析报告（2019）》，并于 2019 年 11 月在第五届教博会上面向全社会发布。

第五届教博会结束后，当我们再次回顾不同组织机构在教育创新领域所做的工作时发现，仅仅停留在组织机构层面的梳理仍然不能够完全满足学校教育创新实践的需求。在学校系统实施并推进教育创新改革的过程中，需要围绕他们在教育教学过程中所面临的具体问题，提供一系列可复制、可推广的解决方案，并且这些方案应当已经在一定范围内被验证是可行的、有效的。

基于这样一种考虑，本书的创作被提上日程。为保证所引入案例是可读的、有价值的，每一个最终入选的案例都需要满足这样一些特征：是一个完整的案例，是经过实践检验的案例，有明确聚焦问题的案例，服务于全人发展的案例，等等。当然，这些案例也必须是与我国教育政策相契合的案例和体现技术助推教育创新内涵发展的案例。

本书分为五章。第一章主要介绍本书关注教育创新案例的背景，创新案例的主要来源、遴选规则以及主体内容等。自第二章起至第五章，每一章关注教育领域的一个重要方面。其中，第二章聚焦学生学习，创新案例主要涉及如何培养学生的数字能力、如何唤醒学生的同理心、如何培养学生的社会情感技能、如何提升学生的网络安全意识、如何打造创客教育生态链等问题。第三章聚焦区域公平，重点关注如何运用教育游戏小程序解决教育公平问题、如何构建“世界最大的课堂”、如何提升贫困地区教育质量、如何让家庭帮助贫困学生更好成长等问题。第四章聚焦教师教学，集中围绕如何运用智能设备提升学生的英语和数学能力、如何通过有效干预提高儿童阅读熟练度、如何通过智能学习设计实现高质量教学的共享等问题。第五章关注教育环境，包括如何建立“新学校”、如何办好特殊教育学校、如何开展众筹学习等问题。每个案例的介绍都会从其所聚焦的问题、提供的解决方案以及在不同地区实施后所取得的效果三方面展开。在此，感谢每一章节的执笔人（杜宵丰、刘心蓉、康翠萍、谢志勇、周达）对本书内容梳理所做出的重要贡献。与此同时，也感谢中国教育创新研究院的每一位同人为本系列丛书撰写与出版所做出的共同努力。

最后的感谢给教育科学出版社各位同人，感谢李东社长、郑豪杰总编辑费心统筹！

教育创新，我们一直在路上，愿和越来越多的伙伴携手同行。

“教育创新前沿丛书”编委会

目　录

第一章

绪 论

关注教育创新案例的背景

创新是提升国家未来发展核心竞争力的必要途径。世界经济论坛发布的《2018年度全球竞争力报告》将创新能力列为评价各个国家竞争力的一级指标之一。[①] 创新的重要性已经被越来越多的国家认识到，各国纷纷制定出相应的战略来提升国家的创新能力。党的十八大以来，习近平总书记把创新摆在国家发展全局的核心位置，高度重视科技创新，围绕实施创新驱动发展战略、加快推进以科技创新为核心的全面创新，提出一系列新思想、新论断、新要求。而综合国力竞争归根到底是人才竞争，走创新发展之路，首先要重视集聚创新人才。教育作为国家发展的基石，承担着增强中华民族创新创造活力、实现中华民族伟大复兴的重要使命。因此，坚持优先发展教育事业，坚持深化教育改革创新，着重培养创新型、复合型、应用型人才就成为落实国家创新驱动发展战略的重中之重。

教育创新是教育可持续发展关注的重点问题。早在1972年，联合国教科文组织就提出"教育创新促进发展"的重要目标，呼吁全球各国对教育环境进行改造并进行创新能力建设，从而使教育更好地服务于各国政治、社会、文化和经济发展目标。2010年6月，欧盟继《里斯本战略》后发布了未来十年的发展蓝图，即《欧洲2020：智慧、可持续与包容性

---

① 巩玥，罗彧，曹学伟．世界经济论坛发布《2018年度全球竞争力报告》：国家和地区分析(III)[J]. 今日科苑，2019（7）：16–23.

的增长战略》，明确将“教育”和“创新”作为发展战略中的核心关键词。[①] 2019 年，由美国新媒体联盟发布并授权北京开放大学翻译的《2019 年地平线报告（基础教育版）》公布了最有可能影响未来五年基础教育规划和决策的六个主要趋势，教育创新占据其中一席。而教育创新同样也是《2020 年地平线报告（教学版）》的关键词之一。[②] 对教育创新的关注，是不同时期教育领域的共同特征。

国际优秀教育创新成果不断涌现，值得借鉴。近年来，国际组织、国家机关、研究机构等对如何推动教育创新发展、促进教育创新成果落地给予高度关注。比如，世界教育创新峰会从 2009 年以来已举办十余届，每届都会围绕主题评选出全球 6 项最具创新性和影响力的教育项目，迄今为止，已经累计评出 70 余项教育创新成果。芬兰“全球 K-12 教育创新 100”每年会遴选出 100 个全球教育创新项目，这些项目在价值、影响力和推广性方面均达到较高的水平。丰富的国际优秀教育创新经验值得我国广大教育实践工作者和教育创新践行者去了解、借鉴与吸收，以提升本土教育创新成果孵化效率。

然而，国际各级各类教育创新成果评估单位（如发展成果促进组织、世界教育创新峰会、世界经济论坛等）所公开发布的研究报告与资料，对不同教育创新项目的产生背景、聚焦问题、解决方案、实施效果与影响力描述十分有限，研究者需要花费大量的时间和精力，依据成果单位的背景信息等进行二次资料检索，并参阅不同级别学术期刊上有关项目实施过程、成果评估模型等方面的研究，来获取对某个项目更加深入的了解。这对于我国绝大部分教育创新主体（如学校、教育行政部门）而

---

① European Union. Europe 2020: a strategy for smart, sustainable and inclusive growth[R/OL]. [2020-03-01]. https://sustainabledevelopment.un.org/index.php?page=view&type=99&nr=16&menu=1449.

② Brown M, McCormack M, Reeves J, et al. 2020 educause horizon report: teaching and learning edition[R/OL]. [2021-03-01]. https://www.learntechlib.org/p/215670/.

言，是一项十分严峻的挑战。广大一线教育实践工作者不能深入了解每一个优秀教育创新项目背后完整的组织架构与实施保障体系，从而将一些成熟的做法较好地迁移到我国教育教学实践当中。

在这样一个背景下，《国际教育创新案例分析》应运而生。本书撰写的初衷，就是以统一的结构、可靠的来源、翔实的内容，将国际优秀教育创新案例中蕴含的成功经验展现出来，聚焦多个关键问题，系统介绍国外教育创新成果发展的先进经验，为我国广大致力于教育创新成果孵化、培育的机构提供较为完整的信息支持。

教育创新案例的主要来源

本书中收录的教育创新案例主要来自以下几个方面。（1）国际教育创新奖项的获奖成果，如世界教育创新峰会教育项目奖、联合国教科文组织亚太地区教育创新文晖奖、一丹奖、全球教育科技创业奖等的获奖成果。（2）由国际权威教育机构发起、在全球具有广泛影响力的教育创新成果，如联合国教科文组织发起的“人人项目”（Everyone Project，已覆盖全球 130 多个国家）。（3）国际机构教育创新报告中收录的优秀创新成果，如世界经济论坛发布的《未来学校：为第四次工业革命定义新的教育模式》报告等中的成果。（4）政府主导并与大学、企业等协同发起，且在某个地区产生广泛影响力的教育创新项目，如挪威政府、挪威发展合作机构、挪威科技大学以及法国移动运营商 Orange 和紧急教育网络援助机构共同发起的项目等。（5）重要报告，如英国威尔士教育督导局撰写的年度督导报告中推荐的教育创新项目。（6）大学或研究机构发布的教育创新报告中能够代表未来教育创新趋势的成果，如英国开放大学《创新教学》系列报告、美国布鲁金斯学会发布的《跨越不平等：为孩子成才重塑教育》报告等中的成果。

因此，本书中所收录的成果或者符合权威机构对优秀教育创新成果的评估标准，或者项目的实际效果已经在全球或国家范围内被证明，抑或项目能够代表教育未来发展的趋势。在实际遴选过程中，我们还会考虑能够获取的公开资料的翔实程度，以及与本书拟关注内容的契合度等。因此，受限于篇幅、素材、版权等各方面限制，真正能够入选并呈现在书中的项目依然十分有限。

教育创新案例的遴选原则

在案例遴选过程中，我们遇到一系列问题：有的案例虽然收录于一些知名教育创新机构的报告中，但缺乏完整且可操作的解决方案；有的案例介绍详尽且具有理论高度，但更多处于理论论证和试验阶段，没有经过大规模实践的检验；有的案例在教育导向和对教育本质问题的认识上存在方向性偏差。这些案例均无法作为典型教育创新案例被纳入本书。还有一些案例虽然有较为充分的说明，但受到版权因素的制约，未能收录到本书中。

为尽可能保证本书所选取的案例能够为读者带来更多在教育实践层面具有启示意义的信息，案例遴选遵循创研院长期以来坚持的“三个拒绝”原则，即“拒绝应试教育的成果”、“拒绝以仪器设备为主导的成果”及“拒绝以写书、写文章、发表学术论文为标志的成果”。与此同时，在邀请教育创新相关领域专家充分研讨，同时对全国部分地区教育创新实践工作者的具体需求开展调研后，我们对上述规则进行进一步拓展，以确保收录到本书中的案例都能够遵循以下基本原则。

（1）**完整**。本书中收录的案例包含产生的背景、解决的问题、服务的对象、采取的策略、产生的效果等教育创新方方面面的信息。仅包含项目发起人、规模等基本信息，对具体实施过程或方案没有深入介绍的案例未被收录到本书当中。

（2）**经过实践检验**。本书收录的案例不能够仅仅是某个大学或机构提出的概念、框架、理论或规则。事实上，每一个入选的案例均至少在当地若干所学校中广泛应用，并且部分案例经过不同国家教育、经济、文化环境背景的检验，具有一定的可复制、可迁移属性。

（3）**有明确聚焦的问题**。考虑到本书的主要读者为广大一线教育实践工作者，因此每个案例都是围绕某个具体问题所形成的系统解决方案，也即解决的问题相对聚焦，能够较好地服务于如何解决某一类问题。

（4）**服务于全人发展**。在本书案例遴选过程中，我们会避免选择纯粹用于提升学生学业成绩的案例，成绩不能够作为检验案例成效的唯一标准。案例所秉承的价值观将是其能否被收入本书的一项重要依据。

（5）**与我国教育政策相契合**。遴选的案例不仅在整体设计方面有独特创新之处，且力求与我国当前的各类教育创新政策相契合，从而为各级政策在实践层面的落地提供可参照的具体解决方案，避免案例内容与国家总体发展方针和战略相悖。

（6）**体现技术助推教育创新内涵发展**。科学技术发展及其与教育的融合能够带来创新，然而，科学技术并不等于创新。在世界绝大多数发展中国家当中，不同地区之间发展存在较大差异，有相当一部分地区仍处于教育发展相对落后的状态。因此，我们力求避免单纯强调科技所带来的创新，而是更多地强调那些便于操作与传播、指向教育创新内涵、能够解决教育本质问题的案例。只强调高新技术应用，缺乏教育内涵的案例不能够入选。

（7）**能够从公开资源中获取**。我们希望能够为教育实践工作者运用国际教育创新案例中的方法和策略解决教育现实问题提供启示和帮助。有针对性地选择教育创新案例，可使本书所能解决或回答的问题更加聚焦，成为面向广大教育实践工作者的工具书。然而，在本书写作过程中，尤其是在不同案例版权的申请和获取过程中，不免会遇到一系列困难。因此，本书中每一个案例在严格遵守国际学术界普遍具有共识的文献引用规范的基础上，尽量避免使用有版权限制或未在公开网络资源数据库中发布的案例内容。

创新案例关注的主体内容

本书中所收录的案例，将重点关注学生学习、区域公平、教师教学和教育环境四方面内容。2009 年出版了《可见的学习》① 一书的澳大利亚墨尔本大学教授哈蒂（J. Hattie）2018 年对 252 个有关影响学生发展的因素的国际教育研究进行元分析后发现，上述四个方面均是影响一个地区学生发展的核心要素。具体而言，本书会在每一个方面关注若干具体问题并提供相应的教育创新案例（见表 1–1）。

表 1–1 各章内容名称

章节主题	案例序号	关注内容
学生学习	1	如何培养学生的数字能力
	2	如何唤醒学生的同理心
	3	如何培养学生的社会情感技能
	4	如何提升学生的网络安全意识
	5	如何打造创客教育生态链
区域公平	1	如何运用教育游戏小程序解决教育公平问题
	2	如何构建“世界最大的课堂”
	3	如何提升贫困地区教育质量
	4	如何让家庭帮助贫困学生更好成长
教师教学	1	如何运用智能设备提升学生的英语和数学能力
	2	如何通过有效干预提高儿童阅读熟练度
	3	如何通过智能学习设计实现高质量教学的共享
教育环境	1	如何建立“新学校”
	2	如何办好特殊教育学校
	3	如何开展众筹学习

① 该书被誉为“教育圣经”，也被认为是继 20 世纪 60 年代《科尔曼报告》发表以来最为重要的基于证据的教育研究综述。

在讨论上述每一个问题时，本书都会关注问题产生的背景，案例项目聚焦的核心问题、提供的解决方案和具体实施效果等方面。其中，在问题背景方面，会对该问题产生的历史、文化、经济、政策背景，以及其对当前教育发展的重要性等做简要介绍。在聚焦问题方面，会包括项目拟解决的核心或关键问题，所秉承的目标愿景或理念、价值观等内容，并特别对拟解决的问题进行清晰界定，使读者能够明确案例的使用范围，确保每一个案例能够更好地服务于读者的特定需求。在解决方案方面，则包括项目的整体实施框架，教育学或心理学基础，具体解决问题的流程、方法、策略、活动、工具及配套的硬件或软件资源等，该部分内容将避免一般性、框架性的简介，而是尽量清晰呈现使用解决方案的流程步骤，使得读者在阅读相关内容后，能够结合自身实践经验及教育诉求，尝试形成解决实践问题的办法。在实施效果部分，则会从一个或几个角度出发，尝试对项目的实施成效进行分析，包括分析项目实施后学生、教师、学校等利益相关群体发生了怎样的变化（如学生学业表现、身心健康、兴趣爱好、学习品质等方面发生哪些变化）；项目曾经服务过哪些地区、多少所学校，并为这些地区和学校带来了怎样的转变；项目是通过怎样的方法进行推广，从而在更大范围内为不同群体提供服务的；一些能够代表项目影响力的获奖情况等。这部分内容能够帮助读者更好地感受案例的价值，了解案例实现这一价值的路径，从而达到启发思考、学习和借鉴的目的。

第二章

学生学习与教育创新

以学生为中心的学习是近年来教育研究领域所关注的重要问题。随着信息时代来临，学生所需掌握的核心能力不再局限于传统的学科知识。本章收录了 5 个案例，它们分别关注人工智能时代未来公民所必须具备的数字能力、人际交往过程中最为重要的同理心、支持个体在社会中生存发展的社会情感技能、信息爆炸时代人们进行自我保护所需的网络安全意识，以及培养拔尖创新人才、培养学生创造力的主要手段之一——创客教育。通过对这些案例的分享，探讨如何培养未来社会人才需要的各项技能，为教育实践工作者开展服务于学生学习的教育创新提供借鉴。

案例一：如何培养学生的数字能力

伴随着传统工业社会向信息化社会的不断转型，工业社会的人才选拔标准已经无法满足社会需要，人们开始探讨当今社会中的公民在工作和生活中应该具备怎样的“新基本能力”。“数字能力”概念开始在世界范围内被广泛关注和接受，各国围绕其构成要素、培养途径及测量评价等展开了大量研究。1974 年，美国信息产业协会主席泽考斯基（P. Zurkowski）首次提出“信息素养”（information literacy）这一概念，以此代表个体运用信息工具解决问题的能力。信息素养概念被提出之后，图书情报学、社会学、教育学等领域分别衍生出了与本领域特征相适应的信息能力、媒体素养、数字能力、信息技术素养、数字素养等概念。近年来，欧美发达国家更倾向于使用“数字能力”或“数字素养”（digital competence）一词来表达个体运用信息技术获取、甄别、处理及发布信息的能力[①]。随着对数字能力的研究不断深入，越来越多的国家开始注重数字能力，关于“学生数字能力培养框架”的研究也日趋丰富。

2000 年 3 月，在葡萄牙首都里斯本举行的特别首脑会议上，欧盟 15 国领导人就欧盟未来 10 年的经济发展规划达成共识，形成了《里斯本战略》。为落实这一战略，2007 年欧洲议会和欧盟理事会正式发布未来社会

① 任友群，随晓筱，刘新阳．欧盟数字素养框架研究 [J]. 现代远程教育研究，2014（5）：3–12.

公民所必备的八大素养,“数字能力”就是其中之一[①]。为了实现联合国可持续发展目标 4. 4（Sustainable Development Goals 4.4，简称 SDG4.4)，联合国教科文组织于 2013 年实施“媒介信息素养”项目，2015 年和 2016 年又分别实施了“全球公民教育”和“亚太教育研究机构网络的横向共通技能”项目，强调有效使用数字技术的能力。2018 年，联合国教科文组织发布了包含 7 个数字能力领域和 26 项具体能力的《全球数字素养框架》报告，并提出配套的评估建议，旨在为可持续发展目标提供方法论基础，以期通过广泛的经验研究，创建有广泛性和普适性的数字能力评估框架，并据此指导各国开展数字能力的培育和评估工作[②]。此外，法国国民教育、高等教育与科研部于 2012 年制定规划，并投入 10 亿欧元的公共资金，促进校园的信息化，提供教与学数字资源，让学生掌握相关技能、接受有关数字能力评估，提升师生数字安全意识。新加坡发布“Code@SG”倡议，将培养学生的数字能力作为“国家能力”来建设。美国国际教育技术协会自 2015 年开始举办旨在发展公民数字能力的学术会议“数字公民素养峰会”，并在《美国国家教育技术标准（学生版）》中将“数字公民素养”作为其要求的六大主题之一[③]。美国新媒体联盟所发布的《新媒体联盟地平线报告》中指出了未来六年影响技术采纳的六大挑战，其中数字素养（digital literacy）自 2015 年起，连续超过三年成为影响未来教育教学变革的挑战之一[④]。

与此同时，一系列学生数字能力 / 信息素养培养框架也相继被提出，例如：1998 年美国学校图书馆协会和教育传播与技术协会共同制定《中

---

① Commission of the European Communities. E-skills for the 21st century: fostering competitiveness, growth and jobs[R]. Brussels: Commission of the European Communities, 2007：214.

② 张恩铭，盛群力 . 培育学习者的数字素养：联合国教科文组织《全球数字素养框架》及其评估建议报告的解读与启示 [J]. 开放教育研究，2019（6）：58–65.

③ 阮高峰，张冬冬，Hemphill L. 美国中小学数字公民素养教育现状及启示 [J]. 中国信息技术教育，2016（19）：17–21.

④ Alexander B, Adams B S, Cummins M. Digital literacy: an NMC horizon project strategic brief [R/OL]. [2021–03–01]. http://www.learntechlib.org/p/182085/.

学生九大信息素养标准》；1999 年，英国国家和大学图书馆协会提出《英国信息素养评估标准》；2001 年，澳大利亚大学和新西兰大学出版《澳大利亚和新西兰信息素养评估框架》；国际教育成就评价协会 2013 年启动国际计算机与信息素养研究并发布《国际学生计算机与信息素养研究框架》；等等。然而，如何将上述框架和标准中对学生数字能力的培养要求转化为学校教育实践的具体行动方案，有效地将数字能力教育纳入学校常规教育体系，仍然面临诸多亟待解决的问题。

英国作为最早发布学生数字能力框架的国家之一，在学生数字能力培育方面积累了丰富的经验。以英国的威尔士为例，虽然该地区并非英国数字化程度最高的区域，且相较于英国其他地区而言数字能力教育起步较晚，但数字能力教育是威尔士过去十余年课程改革与发展的重要成果。早在 2008 年，威尔士就开始将学生数字能力培养正式纳入课程体系当中，并且推动地区内各个学校开展学生数字能力培养工作。圣·朱利安小学（St. Julian's Primary School）作为 2018 年威尔士学生数字能力培养的先锋学校，不仅推出了一系列针对小学学段学生数字能力培养的政策、措施，更将自身经验推广到所在区域的其他小学，间接带动整个威尔士学校对于小学生数字能力培养的探索。

（一）聚焦问题

培养学生数字能力已经成为未来教育领域所需关注的重点问题。尽管不少国家和国际机构已经建立起相应的学生数字能力培养框架，但受到传统教学理念、课程设置、学科划分、教师专业能力等的限制，数字能力培养在学校层面落地还存在诸多困难，各国公民普遍存在数字能力不足的现象。例如，由美国联邦通信委员会主持的一次美国公民素养评估发现，超过6600万名美国公民处于数字能力不足的状态。[①] 为此亟须在学校层面开展相关教育创新的普及，以帮助广大教育实践工作者尽快找到符合自身文化背景和教育环境的数字能力培养体系与实践方案。

英国威尔士并不是世界范围内学生数字能力培养最先进的地区，但却是对数字能力重视程度最高的地区之一。2008年威尔士开始将学生数字能力培养正式纳入课程体系，并形成2008版数字能力框架（Digital Competence Framework）。在2015年威尔士发布的课程文件《人生课程》（A Curriculum for Life）当中，威尔士政府制订了围绕数字能力开发新课程的计划。该计划在充分参考唐纳森（G. Donaldson）《成功的未来：威尔士课程和评估安排的独立审查》报告[②]、信息通信技术指导小组的调研报告[③]，以及威尔士以往课程评估安排等文件的基础上制订而成。随后，威尔士政府又相继发布2018版数字能力框架（Digital Competence Framework Update）以及威尔士2022年课程草案（Draft Curriculum for Wales 2022 version），在更新数字能力指标体系的基础上进一步细化了学生数字能力各项指标的表现，成为该地区开展数字化学习的重要指导纲领。[④]

圣·朱利安小学是英国威尔士新港地区的一所大型小学。该校有23个独立班级、687名学生，学生年龄为3—11岁。这所学校是该地区的一所数字化专业学习先锋校。在2018年英国威尔士教育督导局撰写的年度督导报告中，数字化学习作为圣·朱利安小学教育发展的主要特色被多

---

① Usdan J, Almasy K. FCC chairman announces jobs-focused digital literacy partnership between connect 2 compete and the 2,800 American job centers[EB/OL]. [2017-10-28]. https://www. fcc.gov/news-events/blog/2012/07/23/fcc-chairman-announces-jobs-focused-digital-literacy-partnership-between.

② Donaldson G. Successful futures: independent review of curriculum and assessment arrangements in Wales [R/OL]. [2021-03-01]. https://dera.ioe.ac.uk/22165/.

③ Arthur S, Crick T, Hayward J. The ICT steering group's report to the Welsh government[R/OL]. [2021-03-01]. https://gov.wales/sites/default/files/publications/2018-11/the-ict-steering-group-s-report-to-the-welsh-government.pdf.

④ Llywodraeth Cymru Welsh Government. Digital competence framework guidance[EB/OL]. [2021-03-01]. https://gov.wales/curriculum-wales-2022-guidance.

次强调，并被推荐为英国威尔士教育督导局优秀教育创新实践案例，在其官方网站上面向全社会公布。本书将圣·朱利安小学围绕数字化学习形成的一套具体做法收录其中，希望这些内容能够为我国中小学在依托课程标准培养学生数字能力方面提供一定启示。

（二）解决方案

多年来，圣·朱利安小学一直与该地区和整个威尔士的其他学校合作，为运用信息技术服务教育教学提供有效支持。尽管信息技术在学校里被很好地使用，这所学校仍然希望为学生提供更多在有意义的环境中应用知识和技能，从而提升他们数字能力的机会。数字能力框架的引入和威尔士新课程在更大范围内的实施为反思科学技术如何更好地应用于教学实践提供了契机。因此，圣·朱利安小学在数字能力框架的基础上，形成了包含数字工具包（digital toolkit）、数字领导者（digital leader）、行动计划（action plan）、学习任务（learning task）以及网络安全（e-safety）等在内的解决方案。下面将分别对威尔士数字能力框架以及圣·朱利安小学的一系列数字化学习配套举措进行简要介绍。

1. 数字能力框架

在 2008 版的数字能力框架中，学生数字能力由公民意识（citizenship）、互动与合作（interacting and collaborating）、产出（producting）以及数据和计算思维（data and computational thinking）四个一级维度构成，每个一级维度下有 2—4 个二级维度。

公民意识由身份、形象与声誉，健康与幸福，数字版权、授权与所有权，网络行为与网络欺凌四个维度构成。对公民意识的培养，其核心是鼓励学生在网络化环境中做出符合社会价值观的积极贡献。这种意识能够帮助个体审辨地、批判性地思考他们在数字环境中所处的位置，以及作为一个数字公民所需面对的积极和消极的问题。

互动与合作由沟通、合作、存储与分享三个维度构成。这方面能力的培养主要是鼓励学生运用电子设备或电子信息技术进行沟通与合作，并能够识别在不同场合下沟通手段的有效性。与此同时，学生还需学会如何存储从不同来源（如手机短信、社交媒体等）所获取的信息，以及恰当地分享个人及学习信息以服务于特定的目标。

产出由计划、资源获取和搜索，创造，评估与改进三个维度构成。上述三个维度构成了学生数字能力应用的一个循环。数字环境中往往包含大量多媒体信息，学生在运用数字能力解决问题时需要明确自己所需要的信息，以及这些信息可能的来源，并具备获得这些信息的能力。学生还需要借助软硬件以形成一些方法或程序，并在实践过程中对这些方法和程序实际产生的作用进行评估、改进，以实现特定的目的。

数据和计算思维由问题解决与建模、数据与信息素养两个维度构成，主要探讨在数字世界中思考并解决问题的方式。数据和计算思维并不仅仅是使用计算机的能力，而是包含科学探究、问题解决、数据分析等在内的一系列综合能力。具备这一能力的学生在解决问题时会思考问题解决的有效性、便捷性，如何较少地占用资源以及方法的可复制性（通用性）等一系列问题，而不是解决某一个具体问题。

下面所介绍的数字工具包、数字领导者、行动计划、学习任务以及网络安全等解决方案会为上述一个或多个维度的能力培养提供支撑。

2. 数字工具包

为实现日常教学的数字化，圣·朱利安小学将能够服务于课堂教学，以及与数字化能力培养相关的工具软件集成到学校网站上，使教师和学生能够快速地找到并使用最新的数字工具。该数字工具包中，不仅包含谷歌旗下一系列服务于教师教学的软件（如谷歌课堂等），还包括密歇根大学开发的学生编程学习软件（如 Scratch）、培生集团的英语学习软件（Bug Club）、思维导图以及服务于学生、教师和家长沟通的在线交流社区（Class Dojo）等不同类型的软件，使得学生学习、教师教学和家长参与变得更加方便和数字化。

3. 数字领导者

注重自组织学习是圣·朱利安小学培养学生数字能力的又一特征。圣·朱利安小学总计委任了18名数字领导者，每一位数字领导者均从学校的687名学生中产生。数字领导者的重要职责就是帮助身边的同学提升数字能力，并配合教师开展与数字能力培养相关的各项活动。与我们国家的课代表不同的是，每一名数字领导者背后都会有一个学习团队，这个团队采用学徒制，在数字领导者的带领下相互配合开展学习。

具体而言，数字领导者需要承担的工作包括推动学校数字科技的使用以辅助学与教，在全校范围内分享自己的数字视野，教会他人如何在网络上保障自身安全，帮助教师检验测试新的软硬件，等等。当然，在小学阶段很难要求每一位数字领导者在上述各方面都具备卓越的能力，因此除学生数字领导者之外，还会配备教师数字领导者，以帮助学生制订行动计划。

4. 行动计划

行动计划中会规定学生数字能力培养的标准步骤，包括建立团队、实施调研、成立学习社区、制作视频、课堂环境检验等。在每一个环节中，都会涉及"成功的标准""监测与评估""数字领导者的职责""可能的资源""目标截止日期""回顾"，以确保行动计划的顺利实施。

5. 学习任务

丰富的学习任务是学生数字能力培养的载体。学校会依据学生当前所学习的主题，结合一些数字化工具及软件，为不同学段的学生提供各种类型的学习任务。例如，2年级学生在学习"宇宙空间"这个主题时，需要自己制作2幅定格动画，并能够结合创作的动画内容解释为什么地球上会有白天和黑夜。而到了5年级，学生需要建立属于自己的"事业"，通过使用电子表格管理自己的收入与支出，进一步制订自己的"商业计划"，尝试制作播客（podcasts）或广告歌曲并在学校的广播当中为自己的产品打广告。而在学习了解乌干达时，学生无须被动地记忆诸如

“本地到乌干达的距离”“英镑和乌干达先令之间的汇率”等信息，取而代之的是，学生可以选择使用计步器、心率监测器等来记录每天所走的步数，并通过电子表格等工具，判断自己从家乡走到乌干达的可能。他们还会学习如何在电子表格上添加汇率转换器，帮助他们计算去乌干达旅游所需准备的英镑数量。可以发现，在任何一个学习任务当中，运用数字化设备解决问题都是重要的方式，并且相关资源会放在学校的网站上，免费供学生或家长参考学习。

6. 网络安全

在培养学生数字能力的过程中，考虑到学生会较早接触电子化设备及网络，圣·朱利安小学确立了一个被称作“SMART”的准则，以帮助学生了解如何安全上网。其中，每一个字母代表着需要提醒学生规避的一类风险，具体如表 2–1 所示。

表 2–1　SMART 准则

字母含义	中文释义	具体描述
S（Safe/Share）	安全 / 分享	在网上聊天或发帖时，注意不要分享个人信息，以确保安全。个人信息包括你的地址、电话号码、密码和学校名。
M（Meeting）	会面	与只在网上联系过的人见面是很危险的。只有在你的父母或其他监护人同意并陪同的前提下，你才能够和他们在现实生活中见面。需要记住的是，网上的朋友始终还是陌生人，即使你已经在网上与他们聊了很长时间。
A（Accepting）	接收	接收来自陌生人的邮件、图片、文档或任何其他形式的信息都有可能存在风险——它们可能会包含病毒或一些恶意信息。

续表

字母含义	中文释义	具体描述
R（Reliable）	可靠性	一些人在上网时可能会隐瞒有关他们身份的真实信息，也就是说，你在网上看到的个人信息可能不是真的。因此，你需要从书籍、其他网站或他人处核实你所获得的信息。
T（Tell）	告知	当你因为一些事情感到不舒服或担忧时，或者你或你的同伴在网络上受到欺凌时，请告知你的父母、其他监护人或你信任的一位长辈。

除了上述准则外，学校还开发了一系列配套测试、游戏，帮助学生快速掌握安全上网必备的一系列能力。如：学生可以通过回答围绕SMART准则设计的问题，来检测自己是否已经掌握了安全上网的相关知识；可以通过玩游戏来了解安全上网的一系列步骤。此外，对于年龄较小的学生（如3—7岁学生），学校还提供了网络安全教育小故事。

7. 延伸阅读

数字能力框架是圣·朱利安小学，或者说整个威尔士中小学校设计数字能力课程、教材、教学并组织学习的基础，一系列解决方案均围绕这一框架展开，但这并非唯一值得参考的框架，而本案例所展示的解决方案也并不局限于这个框架。许多国家和地区所构建的学生数字能力培养框架同样具有积极的借鉴意义。下面将介绍欧盟"数字能力框架"、英国联合信息系统委员会与英国国家和大学图书馆协会等机构联合制定的数字能力框架、牛津布鲁克斯大学的数字能力培养框架和挪威数字能力发展性技能标准等不同培养框架，以便教育实践工作者参考不同能力培养框架设计实施解决方案，为实现基于本国现实情境的教育创新提供更多选择。

作为欧盟八大素养之一的数字能力，最早起源于2000年里斯本会议所探讨的"新基本能力"中对"信息与通信技术"（Information and

Communication Technology，ICT）能力的描述。后来，“信息与通信技术”陆续被替换为“信息与通信技术技能和使用”（ICT skills and use of technology）、“信息与通信技术技能”（ICT skills）及“数字能力”（digital competence）。2011 年，未来技术研究所代表欧盟教育文化总局发起“数字能力项目”，对 15 个有关数字素养的框架进行分析概括，并咨询了 95 位不同领域的专家，最终形成了包含信息域、交流域、内容创建域、安全意识域、问题解决域等五个方面的“数字能力框架”[①②]（见表 2-2）。

表 2-2　欧盟“数字能力框架”

素养域	具体素养
1. 信息域	1.1 浏览、检索以及过滤信息 访问和搜索网络信息；明确表达信息需求；寻找相关信息；有效地选择信息；有效地在不同网络信息间定位与导航；创建个人的信息策略。 1.2 评价信息 收集、处理、理解和批判性地评价信息。 1.3 存储和检索信息 为便于检索而合理地处理与存储信息或内容；有效地组织信息与数据。
2. 交流域	2.1 通过技术进行互动 通过各种电子设备和应用软件进行互动；理解数字化通信的基本原理；理解通过数字化手段进行交流的恰当方式；了解不同的交流形式；有针对性地选用各种交流模式和交流策略。 2.2 信息与内容共享 与他人分享所发现信息的内容与来源；愿意并且能够分享知识、内容与资源；以媒体中介人的身份行事；积极主动地传播新闻、内容与资源；了解如何引用内容；能够将新信息整合到现有知识体系中。

① Punie Y, Brecko B N, Ferrari A. DIGCOMP: a framework for developing and understanding digital competence in Europe[J]. eLearning Papers, 2014（38）: 3–17.

② 任友群，随晓筱，刘新阳．欧盟数字素养框架研究[J]. 现代远程教育研究，2014（5）: 3–12.

续表

素养域	具体素养
2. 交流域	2.3 网民身份 通过网络参与社会活动；在技术与数字化环境中寻求发展与提升自我能力的机会；意识到技术对于公民的潜在影响。 2.4 通过数字化渠道进行协作 使用技术和媒体开展团队工作、进行协同合作，共同创建知识和内容。 2.5 网上行为规范 了解正常的上网行为、文化差异，有保护自己和他人的能力，对于不恰当的行为采取适当的策略。掌握与在线或虚拟交互行为相关的知识与技能；具有文化多样性的意识；能够保护自己及他人免受网络危险因素的伤害。 2.6 数字身份的管理 创建和管理一个或多个数字身份；能维护个人的数字信誉；能够通过多个账号和应用程序处理个人数据。
3. 内容创建域	3.1 创建内容 创建不同形式（包括多媒体）的内容；编辑和完善他人创建的内容，通过数字媒体和技术进行富有创造性的表达。 3.2 整合与重新阐述 通过对现有资源的修改、提炼与组合，创建新的内容和知识。 3.3 版权和许可 了解信息内容中与版权和许可相关的知识与程序。 3.4 编程 能够应用程序设置、修改程序；能够使用程序、软件与设备；理解程序设计的基本原则；理解程序背后的原理。

续表

素养域	具体素养
4. 安全意识域	4.1 保护设备 保护个人设备，了解来自网络的安全风险和威胁，了解安全防范措施。 4.2 保护个人数据 了解有关个人数据防护的服务与措施；具备隐私意识，能够保护自己免受来自网络的侵害。 4.3 保护健康 防范技术给身体和心理健康带来的风险。 4.4 保护环境 了解信息技术对环境的影响。
5. 问题解决域	5.1 解决技术问题 利用数字化手段甄别并解决可能存在的问题（如故障排除、复杂问题解决）。 5.2 确定需求和技术对策 评估自己在资源、工具和能力发展方面的需求；根据需求选用可能的解决方法及适当的工具，并能够对可能的解决方案和数字化工具进行评判。 5.3 创新和创造性地使用技术 利用技术进行创新，积极参与数字化协作和多媒体创作，通过数字媒体和技术创造性地表达自己，在数字化工具的支持下生产知识、解决概念性问题。 5.4 数字素养缺陷的识别 识别自己数字素养的哪些方面需要改善或更新；能够帮助他人发展数字素养；及时跟进信息技术的最新进展。

而在英国联合信息系统委员会与英国国家和大学图书馆协会等机构联合制定的数字能力框架中，学生数字能力被分为信息与通信技术素养，信息、数字与媒介素养，数字生产、问题解决和创新，数字化交流、合

作与参与，数字化学习与发展，数字身份与幸福感六个方面，每个方面包括 2—3 个子维度，总计形成涵盖 15 个子维度的能力框架，为有效测评个体数字素养水平和进行相关的数字素养教育活动提供了理论支撑。表 2–3 对每一个方面包含的具体子维度的内涵进行了详细阐述。

表 2–3　英国联合信息系统委员会与英国国家和大学图书馆协会等联合制定的数字能力框架

信息与通信技术素养（ICT proficiency）	
信息与通信技术素养（ICT proficiency）	能够使用基于信息与通信技术的设备、应用程序、软件和服务。对新的设备、应用程序、软件和服务的使用有自信，并且能够随着信息与通信技术的革新不断提升自己的能力。有能力在出现问题和故障时进行处理，并设计和实施信息与通信技术解决方案。理解计算、编码和信息处理的基本概念。
信息与通信技术生产力（ICT productivity）	能够用基于信息技术的工具高效地完成任务，并保证质量。具备根据不同工作选择设备、应用程序、软件和系统的能力，并评估它们的效益和局限性。能够使用数字工具，并在有需要时加以调整，以服务于个人需要。能够在各种工具、平台和应用程序之间流畅地切换，以完成复杂的任务。了解数字技术如何改变工作、家庭、社会和公共生活。
信息、数字与媒介素养（information，data and media literacies）	
信息素养（information literacy）	具备发现、评估、管理、组织和共享数字信息的能力。具有为学术、专业或职业目的解释数字信息的能力，并能在不同的环境下回顾、分析和再现数字信息。掌握根据信息的来源、相关性、价值和可信度来评估信息的关键方法。理解版权和开放选择的规则（如知识共享协议）。能够在不同的环境中适当地引用数字作品。

续表

数据素养（data literacy）	具备整理、管理、访问和使用电子表格、数据库和其他格式数据的能力，以及通过数据分析和报告来解释数据的能力。具备保护个人数字信息安全的相关经验。了解如何在专业和公共生活中使用数据。了解资料收集及使用方面的法律、道德及安全保护信息。了解算法的性质。了解如何收集和使用个人资料。
媒介素养（media literacy）	具备对各种数字媒体文本、图形、视频、动画、音频中的信息进行批判性接收和回应的能力，以及对媒体信息进行策划、重新编辑和使用的能力，并给予原创者应有的认可。掌握评估媒体信息来源和目的的方法。理解数字媒体是一种社会、政治和教育工具，以及数字媒体生产的技术实践所应发挥的作用。
数字生产、问题解决和创新（digital creation，problem solving and innovation）	
数字生产（digital creation）	具备设计和创造新的数字产品与材料（如数字写作、数字成像、数字音频和视频、数字代码、应用程序和界面、网页等）的能力。
数字研究和问题解决（digital research and problem solving）	具备使用数字证据回答问题和解决问题的能力、收集和整理新证据的能力、评估证据的质量和价值的能力，以及使用数字方法共享证据和发现的能力。了解不同的数据分析方法、工具和技术。
数字创新（digital innovation）	具备在不同的环境（个人环境、组织环境、社会环境等）中采用和开发数字技术的实践能力。能够利用数字科技发展新思路、新项目和新机会。了解数字化环境下的创新、企业和项目管理。

续表

数字化交流、合作与参与（digital communication，collaboration and participation）	
数字化交流（digital communication）	具备在数字媒体和空间（如基于文本的论坛、在线视频和音频平台以及社交媒体）中进行有效沟通的能力。能够依据不同目的和受众选择合适的数字通信方式。在公共数字空间交往中尊重他人。在私人通信中保护隐私。识别和处理虚假或破坏性的数字信息。了解不同数字媒体的传播特性，了解各种传播规范和需求。
数字化合作（digital collaboration）	具备在数字团队和工作组中有效开展工作的能力。使用共享的数字工具和媒体进行有效合作。通过数字工具进行资料共享。在不同文化、社会和语言背景下有效工作。了解用于协作的不同数字工具的特性，以及用于协作的各种文化和其他规范。
数字化参与（digital participation）	具备参与、促进和建立数字网络的能力。能够利用数字媒体和服务参与社会文化生活。建立积极的联系。在网络环境中安全地、合乎道德地参与数字活动。了解数字媒体和网络如何影响社会行为。
数字化学习与发展（digital learning and development）	
数字化学习（digital learning）	能够参与并从数字化学习中获益。识别和使用数字学习资源。通过数字媒体参与对话学习。会使用学习应用程序和服务。使用数字工具来组织、计划和反思学习。记录学习事件或数据，用于自我分析、反思和展示学习成果。监控自身学习进度，参与数字化评估，接受数字化学习反馈。在数字环境中管理自己的时间和任务、注意力和学习动机。
数字化教学（digital teaching）	有能力在丰富的数字化环境中支持他人学习，并在教学或课程团队中开展工作。能够有效地利用现有的数字工具和资源创造学习机会，并在同伴学习中积极主动推广。了解不同媒体对教学、学习和评估的价值。了解不同的教育方法及其在数字环境中的应用。

续表

数字身份与幸福感（digital identity and wellbeing）	
数字身份管理（digital identity management）	有能力建立一个或多个正面的数字身份，能够在一系列平台上管理数字声誉（个人或组织）。建立和维护数字档案及其他数字资产。反思自身网上活动可能产生的影响。通过数字网络整理和管理个人资料。
数字幸福感（digital wellbeing）	具备在数字环境中照顾个人健康、安全、人际关系和平衡工作生活的能力。使用数字工具追求个人目标（如健康和健身）。在数字环境中安全及负责任地行事。在使用数字工具时，关注人类和自然环境。了解数字参与对健康和幸福生活可能产生的积极或消极影响。

牛津布鲁克斯大学将数字与信息素养作为学生所必须具备的 5 个素养之一，在英国国家和大学图书馆协会等发布的数字能力框架的基础上，制定了数字能力培养框架。该框架所涉及的技能包括：①识别信息需求；②寻找辨别方法；③创建查找信息的策略；④寻找并获得信息；⑤比较及评价不同来源的信息；⑥组织运用和交流知识；⑦综合和创造新知识。①

在挪威，数字能力已经成为国家课程五项关键技能（读、写、口头表达、算术及数字能力）之一。据时任挪威教育部教育信息化中心主任瑟比（T. Morten）在《挪威教育信息化与教师发展》一文②中的介绍，挪威教育部将学生所应具备的数字能力划分为 4 个不同的技能领域。每个技能领域下分为 5 级，其中 1 级对应 2 年级水平，2 级对应 4 年级水平，3 级对应 9 年级（相当于初三年级）水平，4 级对应 10 年级（相当于高一年级）水平，5 级对应 13 年级（相当于高中毕业至大学 1 年级）水平。

① SCONUL. Digital Literacies [EB/OL].[2021-03-01]. http://www.jisc. ac.uk/whatwedo/programmes/elearning/developingdigitalliteracies/sconul.aspx.

② 瑟比，詹岳姗 . 挪威教育信息化与教师发展 [J]. 世界教育信息，2013（22）：20-23.

每个技能领域中各个等级的描述详见表 2–4。

表 2–4　挪威数字能力发展性技能标准

技能领域	1 级（2 年级）	2 级（4 年级）	3 级（9 年级）	4 级（10 年级）	5 级（13 年级）
跟踪和处理数字信息	阅读超级文本以及简单的互动信息；使用图片以及基于图标的导航	进行简单的数字搜索，阅读和诠释来自媒体的信息；利用简单的数字化工具进行信息处理与学习	了解数字资源的选择和评价策略；利用几种数字化资源和工具进行资源加工学习	过滤、转化、整合来自媒体资源的信息；使用相关的搜索工具；熟练运用具体的搜索策略	跟踪和组织在线咨询媒体，运用高级搜索策略和资源
创造和加工数字信息	能在电脑上输入简单的文本；制作简单的多模式文本；了解数字媒体引用与版权的基本要求	按照简单的设计原则，制作具有不同元素的多模式文本	制作能链接内部与外部资源的多模式文本；引用媒体资源，遵循版权法	制作和编辑多模式文本；引用和评价相关资源	选择和利用能够满足参与者和受众需要、符合数字化信息处理规则要求和工作模式的数字工具；管理自己产品的版权，正确引用数字资源
数字化交流	使用简单的数字工具进行演示和交流	使用选择的数字工具进行演示和交流	使用不同的数字工具和媒体传递信息，进行一对一或群体交流	使用数字媒体寻找精确的信息和文档	选择和利用媒体进行基于任务需要的交流

续表

技能领域	1级（2年级）	2级（4年级）	3级（9年级）	4级（10年级）	5级（13年级）
数字化判断	遵循基本的数字交互规范；了解保护互联网隐私的简单规则	具有基本的网络礼仪；知晓网络隐私方面的知识	具有网络礼仪；遵守网络隐私保护规定	有责任心地利用网络和社会媒体	具有道德反思能力，以及评价互联网作为信息交流渠道的能力

（三）实施效果

2018年英国威尔士教育督导局在撰写的年度督导报告中指出，圣·朱利安小学学生独立使用信息技术处理问题的能力很强，与同龄人相比，这些学生更加清楚使用信息技术所要达到的目的，并且能够在真实的情境中自发地融合使用所学的信息技术知识。不仅如此，该校教师对自身使用软件和设备组织教学也保持着足够的信心，并且愿意通过发展自身的信息技术能力来更好地服务教学。该校已经围绕数字能力形成一种独特的学习文化。① 在以往数字能力培养实践的鼓舞下，圣·朱利安小学与当地的一个学习组织（AoLE）共同参与到威尔士进一步的课程建设当中。

（执笔人：刘启蒙）

① Estyn. Inspection report St Julian's Primary School 2018 [R/OL]. [2021-03-01]. https://www.estyn.gov.wales/provider/6802322.

案例二：如何唤醒学生的同理心

同理心并不是一个新的概念，早在两千多年前，孔子就提出“己所不欲，勿施于人”，其实这就是同理心的体现。1909 年心理学家铁钦纳（E. B. Titchener）用英文“feeling into”（感觉到）来翻译德语单词“Einfühlung”，从而产生了“empathy”一词，用以描述一种可以识别和分享他人情绪的心理特征。

同理心是社会情感学习理论的重要组成部分，而社会情感学习又是近年来学生心理健康教育的重要内容。1994 年，美国学术、社会和情感学习联合组织首次提出社会情感学习（social and emotional learning）的概念，自此拉开了社会情感学习研究的序幕。2002 年，联合国教科文组织向全球 140 个国家的教育部发布了开展社会情感学习的十大基本原则，使得社会情感学习得以在世界范围内迅速推广，成为美国、新加坡、马来西亚、日本、韩国等国家中小学教育实践所关注的焦点。在美国学术、社会和情感学习联合组织所界定的社会情感技能的五个核心技能（包括自我认知、自我管理、社会意识、人际关系技能、负责任地决策）中，社会意识（social-awareness）就与同理心息息相关。美国学术、社会和情感学习联合组织把社会意识定义为能够理解他人并同情他人，认识并学会欣赏个人与他人的共同点与差异，这与上述铁钦纳所描绘的同理心特征高度相似。而英国教育和技能部 2007 年启动的“社会和情感方面的学习”（Social and Emotional Aspects of Learning）项目则直接将同理心列为五个核心技能领域之一，并将同理心界定为理解他人的想法和感受，重视他人、支持他人，与有不同背景的人建立良好的人际关系，更好地与他们进行合作和学习。①

同理心是一种复杂的心理推理过程，即通过观察、记忆和推理来洞

① 林丽珍，姚计海．国外社会情感学习（SEL）的模式与借鉴 [J]. 基础教育参考，2014（11）：72–76.

察他人的想法和感受。同理心是心理健康教育所关注的重点，被视为健康的社会行为的关键，以及道德教育实施的前提和保障。学校应该在学生中营造发展同理心的氛围，教师必须重视同理心，促进学生从他人立场思考问题，更好地处理社会关系，以增进理解，建立互利合作的关系，培养学生适应未来复杂社会中多样化环境的能力。

鉴于同理心的培养在学生健康、全面发展过程中所扮演的重要角色，本节希望通过介绍国际上不同机构及组织有关同理心的项目，推动中国学校采取相关策略，培养学生的同理心。

（一）聚焦问题

不同研究者对同理心的界定不同，其所聚焦的问题也各有侧重。例如，曾获得美国心理学会颁发的杰出科学贡献奖的心理学家艾克曼（P. Ekman）将同理心划分为三种不同类型：（1）认知同理心（cognitive empathy），也称“换位思考”，是通过想象自己身临其境来理解和推测他人的感受与想法的能力；（2）情感同理心（emotional empathy），是能够实际感受到他人情感或至少感受到他人与自己有类似情感的能力，在与他人的情感共鸣中，双方总有一些共同感受；（3）富有同情心的同理心（compassionate empathy），指的是类似的经历激起对他人境况的深刻理解，富有同情心并会给他人以实际帮助。而一项有关 K-12 阶段同理心教育的综述性研究[①]，则从“同理心作为一种特质”（empathy as a trait）、“同理心作为一种状态”（empathy as a state）、“同理心作为一种沟通模式”（empathy as communication）以及“同理心作为一种关系”（empathy as a relationship）四个方面剖析了同理心在学生发展过程中可能的存在形式，以指导教育实践工作者更好地设计不同类型的活动，帮助唤醒学生的同理心。

---

① Berkovich I. Conceptualisations of empathy in K-12 teaching: a review of empirical research[J]. Educational Review, 2018（13）: 1-19.

社会建构主义的学习观认为，最好的学习方式是通过知识构建的过程来学习，这个过程包括构建、加入并属于一个学习共同体。这种方式同样对学校层面开展同理心教育有重要启示。然而，学校教师很少拥有培养学生同理心的经验和机会。无论是新手教师还是有经验的教师，都认为有相当一部分的学生会表示在学校里感到孤独和缺乏支持。因此，为了消除学生的孤立感，教师在日常教学过程中也需要采用合适的办法建立学习共同体，在群体活动中培养学生的同理心，促进学生间的相互支持与交流合作。

在信息化快速发展的今天，如何促进不同种族、具有不同性格和不同文化的个体在虚拟空间中进行交流是每一个国家的教育都需要思考的问题。其中，拥有不同背景的人，即使来自相同国家，也会受到不同文化的影响，这意味着同理心对于学生的成长与发展至关重要。不同群体可能因为文化、种族、观念、宗教产生冲突，冲突双方很可能会对对方产生刻板印象。由于缺乏对他人文化背景的必要了解，学生更容易倾向于从自我的角度思考问题，而不是从他人的角度来思考。这样的视角会增加焦虑感，难以感受、了解和分享其他群体成员的感受。群体冲突可能蔓延到在线社区，引发强烈的负面情绪和成见。在这种情况下，旨在促进群体间产生同理心的活动可以提供有效的应对措施。

本节希望通过介绍不同类型的同理心项目，去反思如何在信息化时代，通过创建并鼓励学生加入某个学习共同体，让学生获得合适的机会，与不同地域、不同文化背景、不同年龄的群体以多样化的形式和载体进行沟通交流，并从实践当中感悟同理心在解决实际问题时所能够发挥的多重作用。

（二）解决方案

苏联著名教育家苏霍姆林斯基的“同理心教育观”将培养同理心作为教育的重点。苏霍姆林斯基通过一系列行动践行了同理心教育理念，并将是否具备同理心作为评判人才的一个重要指标。[①] 里夫金（J. Rifkin）在《同理心文明：在危机四伏的世界中建立全球意识》一书中多次提到“同理心”一词。他认为，结合他人的经历思考，要比自己单独思考有更好的结果。[②] 以美国纽约布鲁克林科技高中的学生和瑞士温特图尔李氏学校的学生一起参与的一个虚拟课堂项目为例，学生通过在线聊天、视频会议和公告栏交换看法、相互提问。在这一互动过程中，来自不同文化背景的年轻人的思想得到交流，同理心得到了增强。[③]

上述案例只是学生同理心教育的一个缩影。近年来，促进学生同理心发展的优秀教育创新项目不断涌现。这些项目倡导学生从他人角度思考问题，消除误会，促进群体成员的合作共赢。下文将对“纽约人”（Human of New York，HONY）项目、“双重身份电子联系”（Dual Identity Electronic Contact，DIEC）项目、《运输车》（*The Transporters*）项目，以及“同理心之根”（The Roots of Empathy）项目等培养学生同理心的创新项目做简要介绍。这些项目能够为在成人群体、具有不同信仰的少数民族群体、特殊儿童群体以及义务教育阶段的学生等不同群体中开展同理心教育提供解决方案。

1.“纽约人”项目

“纽约人”项目始于 2010 年，主要服务于成人群体。该项目最初的目标是记录 1 万名纽约居民的日常生活与工作，以创建一个详尽的城市居民群像。目前项目已经发展了一个超过 2000 万名参与者的庞大社区，每天都向全球观众展示纽约街头普通人的生活。该项目的特色就是通过社区成员在纽约各个街道的拍摄和访谈，以及在“脸书”（Facebook）和“照片墙”（Instagram）等社交媒体上的推广介绍，让参与者了解不同地

---

① 陈锐．“时刻不忘自己也曾经是孩子”：苏霍姆林斯基的“同理心”教育观 [J]. 当代教育论坛，2007（11）：111-114.

② 里夫金．同理心文明：在危机四伏的世界中建立全球意识 [M]. 北京：中信出版社，2015：86.

③ 姬冰澌．唤醒同理心：教育为了美好生活 [J]. 教育实践与研究，2013（12）：5-7.

区普通人的生活。任何一个社区中的成员都可以通过摄影和讲故事的形式来记录自己对于纽约生活的理解。这些摄影爱好者们会在每日生活途中开始自己的信息采集工作，这些数据通常是以影音资料的形式提供的。除了肖像，他们还会加上名言和短篇故事。在过去五年里，“纽约人”项目已经扩展到20多个不同国家，例如巴基斯坦、伊朗、伊拉克、乌干达、越南、墨西哥、苏丹、印度等。该项目还出现在两本畅销书《纽约人》(*Humans of New York*)和《纽约人：故事》(*Humans of New York: Stories*)中。

“纽约人”项目的主题虽然与教育并没有直接联系，但项目的研发却是基于一种被称为“通过电子学习培养同理心”(fostering empathy through e-learning)的策略。“通过电子学习培养同理心”既是一种学习理论，也是一种教学策略，旨在通过电子网络学习平台，促进不同群体成员的同理心发展。它从三个方面支持同理心的发展。(1)移情共鸣(empathic resonance)：自发地、有感情地体验他人的经历，例如痛苦或快乐。它通常来自直觉或在无意识状态下产生。(2)移情推理(empathic reasoning)：一种有意识的尝试，想象自己代替另一个人。(3)移情反应(empathic response)：涉及以适当的方式采取行动来满足他人需求的动机。

“纽约人”项目提供的不是一个正式的学习环境，它提供了在线联系交流平台，参与者可以对图像和故事进行回应，分享相似或相反的经历，主持人则要确保参与讨论的群体不会对不同环境中的人进行攻击。“纽约人”项目表明，展示不同人物形形色色的故事，可以促进具有不同文化背景的人之间的建设性接触，通过评论和讨论，实现他们的移情共鸣、移情推理和移情反应。

2.“双重身份电子联系”项目

“双重身份电子联系”项目涉及来自澳大利亚封闭式宗教学校信仰伊斯兰教和基督教的高中学生。该项目为来自不同文化背景的学生提供一个平等对话的环境。参与项目的学生以4人为一组，每个小组都会包含

2 名信仰不同宗教的学生。在精心设计的课程框架内，每组学生陆续开启 8 次互联网聊天对话，每次持续 50 分钟。每一次对话都会在一个无须面对面即可沟通的网络环境（如网络会议室）中进行。对话过程中，学生被要求站在对方的立场上讨论一些问题。这样的设计体现了项目名称"双重身份电子联系"的内涵，其目的是减少学生的偏见。项目课程不局限于网络，还涉及自然学习环境中的真实接触，以及对课程资料的学习。每一名学生，无论他来自哪个群体，都会同时收到两个群体的学习资料。也就是说，学生不仅需要了解自己文化背景下的知识，还需要了解另一种文化背景下对于相同内容的认识与理解。它使学生围绕社会问题进行建设性的双向交流，从而帮助他们努力实现共同的目标。

鉴于该项目是一个持续追踪项目，在项目实施的若干环节中，研究者会对学生发展的关键指标进行测评，以反映项目实施过程中学生发生的变化。项目实施前 6 个月会进行第一次测试，项目结束后 2 周内以及 6 个月后进行第二次和第三次测试。测试主要以在线问卷调查的形式展开，主要内容涉及群体间偏见、群体间身份认同、群体间焦虑、宗教知识等。

该项目从身份和信仰冲突的角度诠释了如何唤醒学生的同理心。首先，它表明双重身份电子联系在促进群体间和谐方面是有效的。其次，这一项目强调了电子联系方式的好处，清楚地表明两个不同文化背景的学生参与非面对面的网上讨论，对增进群体之间的感情有好处。最后，项目强调了减少群体间偏见有可能稳定社会关系，提升少数和多数群体的心理健康水平，并提高国家生产力。

3.《运输车》项目

英国剑桥大学自闭症中心研发的《运输车》项目是一个旨在帮助特殊儿童成长并融入社会的教育创新项目。该中心主任巴伦 - 科恩（S. Baron-Cohen）发现，自闭症儿童不喜欢人类行为的不可预见性，通常他们会回避与人接触，对别人情感的理解力也很有限，这些特征是缺乏同理心的典型表现。为此，该中心专门制作了动画片《运输车》。片中讲述的是一些玩具汽车的历险记。通过数码技术，这些车都有一张会动的人脸。所有的角色都被描绘成儿童卧室里的玩具，充满活力，鼓励儿童参与社交活动。该动画片总计有 8 部，每部由 15 集 5 分钟的动画短片组成，每一集专门讲述一种情感或情绪，如欢乐、害怕或惊讶等。科学家希望用这种方式创造出一种有趣的环境，协助自闭症儿童学习情绪与面部表情，从而了解并感受每一种情绪状态下正常人的真实感受。

根据巴伦 - 科恩的观察，自闭症儿童通常只能够对系统化的、可以预测的事物产生兴趣，而人类往往会被这类儿童划归为“不可预测”的那一类。与之相反，运输车通常只在既定的道路上行使，对于儿童而言，是相对确定、可预测的事物，因此将人的面部表情植于交通工具上，能够吸引包括自闭症儿童在内的各类特殊群体学龄前儿童的注意力，从而为该群体创造一个友好的学习环境。研究发现，患有自闭症的儿童连续四周每天观看《运输车》动画，其情绪理解和认知水平可以显著提高。[①]

4.“同理心之根”项目

“同理心之根”项目是由戈登（M. Gordon）在加拿大创立的，该项目旨在探索如何促进儿童的积极心理发展。“同理心之根”项目的服务对象是 5—13 岁的学生。每一位参与项目的学生会扮演一名研究人员的助理角色。在一学年中，研究人员会三次访问当地某个家庭。每次访问过程中，该家庭的父母均会和婴儿一同出席。学生们需要坐在父母、婴儿和研究人员周围，观察婴儿的成长状况和情绪，以及父母和婴儿如何互动。研究人员会指导学生进行观察和记录，并帮助他们理解婴儿的感受。研究人员会要求学生用自己的语言把婴儿的感受表达出来。婴儿作为“老师”，帮助学生识别并理解他人的情绪、情感变化以及各种意图，从而唤醒学生的同理心以及顾及他人感受的意识。

---

① Drigas A S, Papoutsi C. Empathy, special education and ICTs[J]. International Journal of Recent Contributions from Engineering, Science & IT (iJES), 2015，3（4）：37–42.

在每一节“同理心之根”课程中，研究人员都会为学生提供各种讨论机会，目的是探索和体验不同的活动，以帮助学生习得同理心。学生不仅需要学习识别情绪，还需要体会情绪的敏感性。例如，在一次讨论中，研究人员鼓励学生识别婴儿的情绪，然后描述和解释这些情绪和自己已识别的情绪之间的联系与区别。又比如，在另一节课中，学生有机会为婴儿编写歌曲，并通过婴儿对歌曲的反应判断他们的行为是否能够令婴儿愉悦。当学年接近尾声（或其他特殊节日）时，学生可以参与到为婴儿制作一棵许愿树的活动中。这个活动促进了利他观念和行为的培养，鼓励学生去思考婴儿的一生，畅想婴儿未来想要的生活是怎样的，学生希望他们的孩子会有什么样的未来，等等。在这个活动中，学生被赋予一个全新的（通常是他们暂时没有机会接触到的）视角，以唤醒他们不同层面的同理心。

与那些针对特殊群体设计的同理心项目不同，“同理心之根”项目的设计思路往往能够在更加广泛的群体（如某个班级）内发挥作用。该项目教授的技能使所有参与其中的学生都有机会洞察他人的感受。该项目已经在许多国家和地区的学校中进行了实验，受到广泛欢迎。该项目的研究结果表明，参与其中的学生攻击性行为减少，而帮助、包容和关怀他人的行为显著增加。与对照组相比，参与实验的学生对教室环境中的关爱氛围感知明显增强。

5. 其他各类同理心项目

上文提供了针对成人、具有不同宗教信仰的群体、特殊儿童和义务教育阶段学生开展的同理心项目。事实上，这样的项目还有很多，它们通常会借助不同载体以实现同理心教育。例如，“同理心公民教育”项目借助电影或电视剧帮助以色列的犹太人了解本国的阿拉伯人的文化习俗。该项目的设计原理是让教师在支持学生之前首先体验共情过程，充分了解电影或电视剧中故事及人物设定的内涵及教育意义。随后，学生通过教师设计的活动，用想象的方式与电影或电视剧中虚构的人物进行深度沟通和交流。项目使用了一部很受欢迎的电视剧《阿拉伯劳工》，该剧以幽默的叙事手法描述了在以色列的阿拉伯人的生活，而这种生活对犹太人群体来说并不常见。电视剧观看结束后还会进行一系列相关活动，包括引导学生观看视频，或者在一个在线社区分享自己的经验等。与这些角色的想象中的接触及交流使学生能够在受支持和受保护的环境中对片段进行反思。参与该项目的师生大大增加了对以色列阿拉伯人的了解和同情。①

还有一些平台使教育工作者可以运用游戏为学生创设学习环境。例如，在 to-be 网站上，教师和学生可以开发简短的角色扮演游戏。学生会被随机分配一个角色以及一个背景环境，并站在这一角色的立场上做出各种决定。学生使用聊天窗口进行操作，教师还可以参与聊天的各个环节。师生设计的游戏有数十种，涉及各种群体间的关系，学生通过角色扮演以及通过虚构人物进行沉浸式体验。通过角色扮演，学生使自己与游戏角色融为一体，在游戏进程中体验不同角色的生活，同时理解相关知识，在不知不觉间同理心得到了发展。

对于小学低年级学生或学前儿童，教师也可以采取一系列策略，帮助他们发展同理心。例如，通过“道德两难”故事或者动画片，让学生思考应对之策，设身处地为他人着想。② 例如，为孩子提供这样一个情境：你乘坐的小船发生火灾，所有人必须弃船逃生。由于救生筏已经超载，而且离着火的小船很近，十分危险。此时，除非你采取行动，否则就无法划动救生筏，筏上的 10 个人都会被淹死。救生筏上有个人受伤了，他早晚都会死去。如果你把他扔下水，你和其他人都会得救。在这种情形下，你会做出什么选择，并说明理由。这一教育过程能够帮助学生换位思考，发展同理心。

---

① Shapira N, Kupermintz H, Kali Y. Design principles for promoting intergroup empathy in online environments[J]. Interdisciplinary Journal of e-Skills and Life long Learning，2016, 12：225–246.

② 农柠宁 . 多语环境与儿童同理心的培养 [J]. 文教资料，2018（32）：61–62, 32.

上述各个项目均围绕学生同理心的培养展开，其中有的项目主要以线下活动为载体，但更多项目则依托在线学习环境展开。无论是线上还是线下，在教育项目的设计方面，设身处地地理解和把握学生的心理需求十分重要。在项目设计过程中，有以下几种设计思路值得重点思考：（1）调解，这可以帮助学生克服负面情绪，并鼓励他们以建设性的方式参与活动；（2）游戏化，通过引入虚拟游戏环境，克服学生与其他群体互动时的焦虑；（3）角色扮演，可帮助学生以不同的方式思考并从新的角度审视问题；（4）虚拟现实，可以在安全的环境中提供具有挑战性的经历；（5）想象接触，可以使用多种不同的介质进行，当参与者难以面对面接触时，使用各种介质，进行想象中的接触；（6）团队协作，在适当的条件下，精心设计的团队成员之间直接的沟通可以改善成员之间的关系，而支持团队成员的共情发展是这种努力成功的关键。一些技能和知识可以帮助学生对其他群体形成更积极的看法，例如：获得有关另一群体的准确知识、纠正错误的信念和定型观念、克服对另一群体的焦虑感、减少对方的威胁感、重新定义另一群体以及判断不同的观点。如果无法进行面对面的接触，则可以在虚拟空间中扩展接触形式。尽管在这些策略中有一些不是专门为教育目的而设计的，但可以对其进行调整并将其整合到各种教育情境之中。

培养学生同理心，需要发挥各方作用，除了以上提到的几点外，还可以鼓励教师将同理心教育纳入学科教学中。教师不仅应该关注学生的学习成绩，还要通过丰富的校园活动，强化学生的协作意识，营造和谐的校园氛围，发展学生的同理心。与此同时，也需要加大网络治理力度，营造安全的网络空间，努力避免“同理心误用”现象[①]。

---

① 纪颖颖．“同理心”在大学生网络交往中的运用研究[D]. 天津：天津理工大学．

（三）实施效果

同理心是一种重要的能力。同理心让我们了解他人的意图，预测他人的行为。简而言之，同理心让我们在社会中有效地互动。上述各类同理心培养项目被收录于 2017—2019 年的《创新教学》报告当中。该系列报告由英国开放大学教育技术研究院和挪威学习科学与技术中心共同完成，自 2012 年起多年持续关注全球范围内教学、学习和评估方面的创新。

总之，同理心培养能够：（1）使学生感受到支持、归属感，并克服孤独感，培养学生的情感理解能力；（2）增强学生的亲和力，减少攻击性行为；（3）支持学生成为一个集体的一部分，大家朝着共同的目标努力，进而影响自身的动机和参与度；（4）鼓励学生的社交行为，当他们理解了自己的感受和他人的感受时，就能在社交场合应付裕如。[①]

（执笔人：刘心蓉）

案例三：如何培养学生的社会情感技能

20 世纪 90 年代末，伴随着全球化和信息化时代的到来以及经济的高速发展，在全球范围内特别是在西方发达国家，青少年的社会情感健康问题日益突出。这一问题引起国际社会的广泛关注和普遍重视。

源于美国的社会情感学习项目正是为了解决这一严重的社会问题，力图通过学校教育、家庭教育和社会教育的相互配合，为青少年构建一个促进其身心健康发展的教育环境，帮助青少年在学校和社会生活中获得发展所必需的对自我、对他人和对集体的认知以及管理的意识、知识

---

① Shapira N, Kupermintz H, Kali Y. Design principles for promoting intergroup empathy in online environments[J]. Interdisciplinary Journal of e-Skills and Life long Learning，2016, 12：225-246.

和技能，培养自信心和责任意识，建立积极的人际关系，形成良好的情感和道德品质，有效地应对成长过程中的挑战，促进身心的全面协调发展。该项目实施以来，已经在世界范围内产生了广泛的、积极的影响。

（一）聚焦问题

在 20 世纪末的美国，青少年心理和健康问题凸显，在学校中面临着严重的社交、情感和心理问题。校园危机日益严重，很多学校存在学生吸毒、酗酒、逃学、暴力、自杀的现象；青少年社会情感荒芜，极端利己主义和对他人、对社会的冷漠心态在一些青少年中滋生。

这些问题使美国社会越来越认识到社会情感学习对学生健康成长的重要意义。社会情感技能对学生的学业表现、社会性发展以及心理健康有着积极的作用，是他们在学校以及未来的社会生活中取得成功的关键。学生在离开学校时不仅应该拥有好的学业成绩，还必须拥有足够的社会情感技能，以适应未来社会的变化，做出积极的决定，成为有责任心的未来公民。

在此背景下，社会情感学习项目应运而生。1994 年，该项目由美国学术、社会和情感学习联合组织发起。该组织的创始人是“情商之父”戈尔曼（D. Goleman）和一位美国女性慈善家格罗沃尔德（E. R. Growald）。2004 年伊利诺伊州首先将社会情感学习纳入学习标准当中，构建了从幼儿园至 12 年级的社会情感学习标准体系。

联合国教科文组织在 2002 年向全球 140 个国家的教育部发布了开展社会情感学习的十大基本原则，开始在全球范围内推广社会情感学习。到目前为止，以发展学生社会情感技能为目的的社会情感学习项目已经在美国、新加坡、马来西亚、中国香港、日本、韩国、英国、澳大利亚、新西兰以及拉美、非洲等一些国家和地区的数以万计的学校推广和实施。与此同时，美国、新加坡等多个国家已将社会情感学习纳入本地区的学习标准之中，进一步推动了社会情感学习在更大范围内的推广。随着社会情感学习项目在全球范围内成功实施，世界教育领域掀起了一场旨在提升青少年社会情感技能的浪潮。

（二）解决方案

1. 社会情感学习及概念框架

社会情感学习项目的目的是培养学生在社会情感方面的态度、知识和技能，基于学生视角，促进学生全面发展。项目通过学校管理、教学模式的改进与校本课程的开发、家校合作等支持性的学校氛围的建设，引导学校和家庭在校内外构建相互尊重、理解和支持的人际关系与积极氛围，使学生形成积极的自我认识和良好的沟通能力，提升自信心、责任意识，有效面对成长过程中的挑战，实现社会性和身心的全面协调发展。①

2003 年，美国学术、社会和情感学习联合组织提出社会情感技能包含以下 5 项核心技能，即自我认知、自我管理、社会意识、人际关系技能和负责任地决策（见表 2–5）。青少年拥有这样的技能，未来才可能拥有更良好的社会关系和情感状态，并更容易取得成功。

表 2–5　社会情感学习项目中的社会情感技能

社会情感技能	内涵描述
自我认知（self-awareness）	能理解自己的情绪，拥有自己的兴趣、目标和价值观。研究表明，能够自我认知的人，更自律
自我管理（self-management）	管理好自己的情绪和行为，这包括延迟满足、压力管理和控制冲动，能适当地表达自己的情感和情绪
社会意识（social-awareness）	拥有同理心，能理解和尊重他人的感受；能欣赏他人的优点，接纳他人的不同

① 联合国儿童基金会，中华人民共和国教育部教师工作司 . 社会情感学习校长指导手册 [R/OL]. [2021-03-01]. https://www.unicef.cn/media/14951/file/ 社会情感学习校长指导手册 .pdf.

续表

社会情感技能	内涵描述
人际关系技能 （relationship-skills）	有清晰的表达能力，能积极地聆听和配合，在出现冲突时有建设性的谈判能力和寻求帮助的能力
负责任地决策 （responsible decision-making）	在综合个人需求和人际关系的基础上，做出有建设性的决定和选择

2. 社会情感学习项目的实施路径

为了有效实施社会情感学习项目，美国学术、社会和情感学习联合组织采取了一系列措施。2003 年发布了《安全与健康：供教育领导者使用的以事实为依据的社会情感学习项目指南》，详细阐述了由美国教育部门——教育科学院、安全办公室和无毒学校资助的为期三年的 80 个国家社会情感学习项目所取得的突破性成果。2011 年，美国学术、社会和情感学习联合组织对 200 多项社会情感学习校本课程研究项目进行了分析，发现高质量的社会情感学习项目可以减少学生的不良行为，改善其对待自己和他人的态度，并提高其学业成绩。为了进一步提高项目的实施质量，2013 年，美国学术、社会和情感学习联合组织发布《美国学术、社会和情感学习联合组织指南》，并且评出了 23 个卓有成效的社会情感学习项目，如“关爱学校团体”“培养健康儿童”“第二步”等。

社会情感学习项目有以下几个主要实施途径。[①]

（1）开设专门课程或融入学科教学当中。

开设由专家专门研发的一些促进学生社会情感能力发展的课程。这些课程的目标是让学生学会一些能够广泛应用到各种场合的社会情感技能，如交际、合作、对潜在的危险行为做出判断、解决人际冲突等。

融入学科教学是指学科教学过程中渗透社会情感知识和技能的培养。

---

① 蔡敏，蒋世萍 . 美国社会情感学习项目的实施策略 [J]. 世界教育信息，2015（7）：43–48, 55.

当课程既能为学生提供核心学科内容，又能帮助学生培养社会情感技能时，就可被看作融合了社会情感技能的学科课程。

（2）学校全员参与。

美国学术、社会和情感学习联合组织认为，学校全员参与是培养学生社会情感技能的必要条件。学校全体人员的积极参与可以为学生的学习创造一个安全稳定的支持性环境。全校集体活动或年级活动，不仅能够为学生提供合作学习与交流的机会，而且可以鼓励非教学人员参与，共同促进学生社会情感技能的发展。如“学会尊重”项目是一个为3—6年级学生设计的全校参与的社会情感学习项目。该项目的实施分为三个阶段：学校管理者改善学校环境以解决学生之间的欺凌问题、让所有学生一起参与社会情感技能的培训、进行社会情感课堂教学。

（3）家庭参与。

社会情感学习项目为学校与家庭设立了需要双方共同努力才能达成的学生学习目标。项目给学生布置了一些需要与家庭成员合作完成的任务，组织有关社会情感学习的家长培训，举办让家长参与的多种活动（如家长交流会、学校参观活动、学校志愿服务活动等），以加强家庭与学校的合作，让家庭成员积极参与到项目当中。

（4）社区支持。

美国学术、社会和情感学习联合组织认为，社区也是学生活动的重要场所之一，社区参与是培养学生社会情感技能的必要途径。如果社会情感学习项目可以为学校、学生与社区人员提供互动的机会，那么此项目就可以在社区中进行，或者让社区积极参与并支持学校的社会情感学习项目，如让社区加入学校规划委员会、参与学校检查、与学校就改善学校的工作进行交流或为学校提供资金支持。

3. 社会情感学习项目在中国的实施

2011年，联合国儿童基金会将社会情感学习项目引入中国。中国教育部与联合国儿童基金会合作组织开展该项目，把它作为“爱生学校”

合作项目的一个重要组成部分。中国社会情感学习项目的宗旨是帮助中国儿童尤其是西部不发达地区的处境不利儿童获得更好的发展，以促进中国基础教育实现公平有质量的发展；通过学校、家庭、社会携手合作，积极发展儿童在学校、家庭以及社会生活中所必需的对自我、对他人以及对集体的认知与情绪管理技能，培养儿童的自信心和责任意识，帮助儿童建立积极的人际关系，形成良好的社会情感和道德品质，有效地应对成长过程中的困难和挑战。

在项目实施的过程中，由教育部中小学校长和幼儿园园长国家级培训项目管理办公室牵头组织的国家级专家团队，不断完善项目的理论基础，结合联合国儿童基金会与教育部教师工作司 2011—2015 年合作开展的社会情感学习项目已取得的经验和积累的案例，开发了一系列资源。①

（1）按照标准遴选项目学校，并对学校进行系统培训和项目实施效果评估。

在按照标准选择了项目学校后，研究人员对项目校的校长和教师进行了系统培训，不仅让他们掌握社会情感学习的理论，也帮助他们把项目理念落实到学校管理和课堂教学中去。研究表明，接受过培训的教师更能胜任项目规定的教学方法。

社会情感学习项目的研究人员通过控制组、前后测等实验方法来验证项目的有效性，还从项目的适用年级、学生样本特征（民族、地理位置、所在学校免费午餐的提供情况）、研究方法（随机控制实验、准实验）、研究结果（提高学业水平、形成积极的社会行为、减少问题行为、缓解情绪困扰）等方面对项目进行评估。研究与评估的结果可以为项目的筛选提供科学依据，还可以发现项目的优势与不足，进而对项目进行补充和完善。

① 参见 https://www.unicef.org/education/strengthening-education-systems-innovation.

（2）开通微信公众号，设置社会情感专栏普及项目的理念。

开通“中国学生社会情感学习项目”微信公众号，力图构建公益分享的公共平台，传播项目研究成果，分享世界社会情感学习的最新进展，推进社会情感学习在中国的实施。社会情感专栏旨在为家长提供有关社会情感学习的基本知识和贴近实际生活的意见或建议，帮助家长丰富对社会情感学习的认识并提升培养孩子社会情感学习能力的技巧。该专栏介绍的内容包括：

- 了解孩子的社会情感发展；
- 家长如何培养孩子的社会情感学习能力；
- 如何保持孩子与家庭成员之间的友好互动关系；
- 如何化解不良情绪、纠正问题行为；
- 如何提升家长自身的社会情感技能；
- 给留守儿童家长更多的建议。

（3）开发自评系统。

2014 年，中国的社会情感学习项目自评系统完成开发并投入使用。该自评系统覆盖与儿童发展休戚相关的四类人群：儿童本人、教师、校长、家长。该系统旨在实现以下几个重要目标：第一，深刻了解学校学生社会情感发展的现状；第二，探讨影响学生社会情感发展的学校管理层面、教师教学层面、学生学校生活层面及家庭教育层面的因素；第三，探索中国背景下社会情感学习项目的开展及每所学校学生社会情感技能的提升对学生幸福感、学业成绩等方面的实际价值与意义。

（三）实施效果

为了评估社会情感学习项目的效果，美国学术、社会和情感学习联合组织于 2012 年末与哈特研究联合公司合作，共同组织了一次关于社会情感学习项目的研究，主要通过电话访谈对教师和学生进行调查，了解学生对学校环境和社会情感学习项目的看法。研究表明，实施社会情感学习项目的学校，其学生具有更好的学业成绩、学习动机、学校行为和出勤率，而且更容易获得教师的认可。[①]

1. 提高学业成绩，改善学生行为

研究表明，社会情感学习项目提高了学生的学业成绩。参与社会情感学习项目的学生也表现出课堂行为的改善，管理压力和抑郁的能力增强，对自己、他人和学校的态度更好的特点。在接受调查的教师当中，有 80% 的教师认为社会情感学习项目的成功实施能够帮助学生顺利通过学校考核，提高升学率；77% 的教师认为能帮助学生提高标准化考试成绩，提高学生综合学业表现。

2. 增强学习兴趣

学生缺乏学习兴趣成为当前学校教育面临的重大挑战。调查发现，73% 的教师认为社会情感学习项目有助于增强学生的学习兴趣。社会情感学习项目的实施能够使学生的态度与行为发生明显改变，主要表现为增强了学生的学习动机，改善了学生与学校和教师之间的关系，加强了学生与学校之间的联系。

3. 减少问题行为

调查发现，参与社会情感学习项目的学生中，认为社会情感学习对改善课堂行为、减少情绪困扰、树立积极态度有促进作用的比例比不参与社会情感学习项目的学生高出 9—10 个百分点。在调查中，57% 的教师认为学生的课堂表现较差，其中有 75% 的教师认为社会情感学习非常重要，79% 的教师认为社会情感学习有助于改善学生的课堂表现。在实施社会情感学习项目的学校，其学生一年当中打架的次数减少了一半，暴力行为减少了 19%，班级的混乱状态也有明显改变。教师调查结果发现，在重视社会情感学习的学校中，有 37% 的教师认为学生之间存在欺凌；而在不重视社会情感学习的学校中，有 45% 的教师这样认为。

---

① 蔡敏，蒋世萍 . 美国社会情感学习项目的实施策略 [J]. 世界教育信息，2015（7）：43-48, 55.

4. 优化学校氛围

调查还发现，成功实施社会情感学习项目的学校，认为学校氛围消极的教师比例比没有实施社会情感学习项目的学校少一半。社会情感学习项目能够在五个方面营造积极的学校氛围，即凝聚力、挑战性、民主性、支持性的人际关系和安全的学习环境。

除此之外，美国学术、社会和情感学习联合组织认为，实施社会情感学习项目带来的好处还包括：第一，回报率高。六项实证研究的结果表明，该项目的平均投资回报率是 1∶11，这意味着每投资 1 美元，就有 11 美元的回报。第二，有助于减少贫困，提高经济流动性。在当今的经济环境下，社会情感技能对于所有学生的长远发展都至关重要。2015 年美国民主党和共和党联合发布的一份报告建议，采取若干步骤，扩大高质量、基于证据的社会情感学习项目，将其作为儿童教育的核心组成部分。第三，提高终生成就。一个人幼儿园时的社会情感技能学习与其成年后的成就之间存在统计意义上的显著相关。社会情感学习降低了个体申请公共住房、接受公共援助、成年前发生危害社会的行为的可能性。

（执笔人：康翠萍）

案例四：如何提升学生的网络安全意识

随着网络的不断普及以及信息化社会的到来，网络在人们生活中愈发不可或缺。然而，网络暴力、网络诈骗、个人信息泄露、恶意软件攻击、垃圾信息泛滥等问题也危害到公众，特别是青少年的安全。英国作为互联网起步最早的国家之一，青少年网民占比很高。2014 年 8 月，英国国家统计局公布的数据显示，英国互联网用户达 4300 万人，其中 16—24 岁的青少年是最活跃的移动互联网使用群体，互联网使用率高达 96%，上网时长是英国网民平均时长的 3 倍。2014 年 10 月，英国通信管理局对伦敦儿童的调查显示，大约 34% 的 5—15 岁儿童拥有自己的平板电脑，60% 的儿童在家使用平板电脑，相较 2013 年增长了 50%。2015 年 5 月，英国国家统计局公布的数据显示，英国是欧洲国家中青少年上网人数最多的国家。

与此同时，英国也是对儿童网络安全问题最为重视的国家之一。英国《每日电讯》2014 年报道的一项调查研究结果显示，6—12 岁儿童的父母中，有 80% 的父母认为增强儿童网络安全意识与阅读、数学同等重要。英国在增强儿童网络安全意识方面积累了较为丰富的经验。作为最早一批将网络安全教育引入中小学的国家，英国政府自 2005 年起，每年 11 月举办全国性的反网络暴力周活动，通过灵活多样的形式，增强儿童的网络安全意识。2009 年 8 月，英国教育机构发布了学生上网安全指导文件，主要内容包括：保证教师、学生、家长都具备网络安全意识；学校必须定期进行网络安全培训，确保全体师生员工了解网络风险，形成安全责任意识及行为习惯；培训指导学生掌握并遵守网络使用条款，了解数据保护和知识产权方面的法律法规；提升教师网络安全事故处理能力；等等。2011 年 9 月，英国开始对学生实行分阶段的网络安全教育。针对 5—10 岁的学生，指导其学会在上网时最大限度地减少风险。针对 10—11 岁的学生，指导他们从网络上获得相关资讯，并对所需信息进行分类；指导学生安全使用网络通信技术，既有效传递和分享信息，又保证个人信息安全。[①]

本节引入英国威尔士的一所学校（Ysgol Gynradd Gymraeg Brynsierfel，以下简称“Y 学校”）的网络安全教育实践经验。“Y 学校”在网络安全教育方面所采取的一系列措施曾作为典型案例被收录于 2018 年英国威尔士教育督导局年度督导报告中。该校相对较小的办学规模、地处偏远地

① 周季礼，李加运，魏翠红．英国保护青少年上网安全的主要做法及启示 [J]. 信息安全与通信保密，2015（7）：28-33.

区的特点，以及其在网络安全教育资源的整合与利用方面所展现的突出特征，使其可以为农村地区、欠发达地区学校组织开展网络安全教育提供重要经验。

（一）聚焦问题

日益暴露的网络安全问题使得组织网络安全教育、提升公众网络安全意识、采取有效安全保护措施迫在眉睫。谷歌教育 2019 年发布的报告《教室的未来——K-12 教育的新趋势》显示，英国超过 46% 的年轻人在 12 岁时就获得了社交媒体账户。然而，在虚拟的网络世界中，用户的年龄、地理位置变得不清晰，同时其他在现实生活中很清楚的边界（如道德准则、法律规定等）变得模糊，这对儿童构成了更大的威胁，他们在使用网络时可能面临多重风险，如接收到不雅、暴力图片，遭受在线骚扰、攻击甚至欺凌等。[①]2012 年，联合国儿童基金会对欧盟国家儿童使用网络情况的元分析研究显示，大约 18% 的儿童有在互联网和移动通信设备上被欺负或骚扰的经历，欧洲儿童受到网络骚扰的比例为 10%—52%。可以说，网络的发展为学校安全教育环境的建设带来了重大挑战。

英国 2008 年就颁布了《未成年人网络安全计划》，将网络安全作为中小学的必修课程之一。英国对未成年人网络安全教育的重视体现在学校课程和各类不同的教育措施当中。以“Y 学校”为例，该校是英国威尔士的一所学校，它坐落在卡马森郡附近，共有 206 名学生（年龄在 3—11 岁），是一所集幼儿园和小学于一体的学校。该校的生源质量较英国全国平均水平有一定的差距，具体体现在该校有 34% 的学生被鉴定为需要给予“额外的学习帮助”的学生，而英国全国这一比例为 21%。

安全问题，特别是网络安全问题，是“Y 学校”所关注的核心问题。该校在校园安全环境建设当中，不仅对学校硬件设施及现实环境安全问

① 祝玉红，陈群，周华珍．国外网络欺凌研究的回顾与最新进展 [J]. 中国青年研究，2014（11）：80-85.

题给予了高度重视，而且对学生网络安全问题也很重视，建立起一整套网络安全教育与保障措施，以帮助学生充分了解使用网络的过程中可能面临的危险以及应对方案，提升学生网络安全防范意识，使得学生在数字化时代能够具备独立决策的能力，并保障自身的人身财产安全不受侵犯。

（二）解决方案

官方网站是“Y 学校”构建网络安全教育体系最重要的渠道。该校在官网上最明显的位置集中放置了有关网络安全的知识，以确保学生和家长能够在需要的时候便捷地获取所需信息。无论是学生、家长，还是从事网络安全教育的工作人员，都能够从中获得必要的支持。

“Y 学校”所提供的支持系统可以概括为八大资源、三项支持和两方面指引。其中，八大资源即八个项目或机构网站所提供的资源，具体包括：①英国国家打击犯罪调查局（National Crime Agency）的“思知”（Thinkuknow）项目；②英国国家打击犯罪调查局的儿童剥削和在线保护命令（Child Exploitation and Online Protection Command）；③在线安全（E-Safety）；④英国安全互联网中心（UK Safer Internet Centre）；⑤儿童国际网络（Childnet International）；⑥所有威尔士学校联络核心计划（All Wales School Liaison Core Programme）；⑦英国防止虐待儿童协会（National Society for the Prevention of Cruelty to Children）；⑧英国广播公司（British Broadcasting Corporation）的保持安全（Stay Safe）项目。三项支持包括：①英国国家打击犯罪调查局的儿童剥削和在线保护儿童专线；②英国防止虐待儿童协会儿童热线；③常识媒体（Common Sense Media）。而两方面指引则包含面向家长的“社交网络家长指南”（Social Networking – A Guide for Parents）和面向学校工作人员的“学校工作人员网络安全指南”（School Staff – Guidelines for E-Safety）。下面将分别对一项资源和一项支持进行简要介绍。

1. 英国国家打击犯罪调查局的“思知”项目

“思知”项目是英国国家打击犯罪调查局用于保护未成年人线上和线下安全的教育项目。该项目不仅会依据不同年龄段的未成年人所能接触到的网络信息类型，提供符合该年龄段的信息，还汇集了大量文本、视频以及软件资源，供服务对象了解、学习及自我调节使用。

（1）为不同年龄段的学生提供不同信息。

“思知”项目为学生提供了个性化信息，这些信息在内容和呈现形式上均符合相应学段学生认知发展水平，以及所处的网络环境。例如，针对小学高年级学生，大部分信息均以卡通人物、童话故事和视频为载体，并且在对网络相关内容进行描述时，不会使用诸如“网络欺凌”“网络暴力”“网络色情”等较为专业的词汇，而是会将学生接收到这类信息时的感受（如焦虑、不适、不安等）作为引起学生“共鸣”的内容。信息的具体内容篇幅相对较短，便于这一年龄段学生阅读和理解。

而针对初中的学生，他们刚刚进入青春期，社交逐渐成为他们日常生活的重要组成部分，许多学生开始拥有自己的社交账号，因此这一阶段学生所获得的信息更多以视频和文字为主；在内容方面，则会与信息安全、网络内容分享等有关，并且将防止网络暴力、色情等逐步纳入该阶段学生所需了解的信息当中。

在尊重不同年龄阶段学生认知发展特点的同时，项目还会根据每一个年龄段学生的不同需求，为其提供不同的服务。事实上，在“思知”项目网站上，学生的需求被分为四个不同的层次，包括“需要帮助”（help）、“寻求建议”（need advices）、“答疑解惑”（get a question）、“关心同伴”（worry about a friend）（见图 2-1）。

图 2-1 “思知”项目中不同需求层次对应的板块

例如，当你正在为朋友所面临的网络安全问题而担心时，可以点击“关心同伴”。此时，该系统会向你提供“如何与同伴开启一段谈话”“如何处理你对同伴的担忧”“如何帮助同伴寻求帮助”等服务。对于每一类服务，都会以“主题句”的形式加以概括，帮助学生了解他们所要完成的具体事项。比如，在“如何与同伴开启一段谈话”中，系统会指导学生首先“寻找一个恰当的时间和环境，让同伴感到舒适，不会感到窘迫或者被强制打断”；随后在谈话过程中，需要学生“多听、少讲，让同伴知道你正在关注他的事情”；此外，还需要“将你的担忧告诉同伴，让他们感受到你对他们的关心”。

当学生需要获得一些具体的建议时，网站同样会将学生可能面对的问题主题化，并提供具体的解决方案。比如：“当有人向你索要私人照片时怎么办”“当你的隐私照片在社交网络被分享时怎么办”“受到网络欺凌后怎么办”“怎样区分网络上的朋友、亦敌亦友的人和骗子”等，每一个主题下也会提供具体的应对措施。

（2）为学生提供必要的资源支持。

“思知”项目围绕网络安全问题建立了一个网络资源图书馆。这个图书馆会按照问题的类型以及学生的年龄段将资源分类，以便访客根据特定类型的问题以及学生所处的学段搜索和遴选有针对性的阅读材料。当然，图书馆还会为需要进行一般性泛读的访客提供另一种便捷的资料分类方式。图书馆会将资料分为“观点”“新闻和事件”“培训”“指南”四种类型，使得访客可以快速锁定阅读材料，开始阅读。

2. 英国防止虐待儿童协会儿童热线

英国防止虐待儿童协会儿童热线的联系方式位于“Y 学校”官方网站的正中央，以便每一位登录网站的学生、家长和学校工作人员第一时间获取。有别于传统儿童热线仅提供电话或网络咨询服务等单一的服务形式，英国防止虐待儿童协会儿童热线集“咨询”“支持”“工具”“社交”于一体，试图充分利用各方资源，共同帮助学生提升安全防范和自我保护意识。英国防止虐待儿童协会儿童热线所提供的服务包括“信息与建议”“获得支持”“工具箱”“自主参与”四个部分，每一个部分又由若干个独具特色的模块构成。

“信息与建议”部分会为学生提供包括欺凌、虐待、网络安全、法律等在内的全面的背景信息。每一个模块将对应不同的主题，例如，“网络及移动安全”模块会提示学生“如何安全上网”“如何保护个人隐私”“当接收到色情信息后应当如何处理”“如何清除自己的上网痕迹”“如何保护手机上网安全”“如何进行网络游戏”“如何应对网络欺凌”等。进一步地，在“如何安全上网”中，该校为学生提供了一系列操作措施，来指导学生安全上网。表 2–6 呈现了部分指导学生安全上网的举措，这些举措绝大多数是从学生视角设计的，较为完整地还原了学生遇到网络安全方面的某些问题时，可以采取的解决方案以及实施步骤。

表 2–6 “如何安全上网”所提供的应对举措

注意事项	具体做法
注意你在网上分享的内容	• 当你在脸书或推特等社交网站上选择头像时，要避免照片中出现关于你居住地的信息，以免不认识的人获得这些信息。 • 要定期检查你的隐私设置，包括在可穿戴设备等智能设备上的信息。 • 查看你的位置设置——一些网站、应用程序和设备允许你与其他用户分享你的位置。关闭位置分享可以帮助保护你的隐私。 • 了解如何处理你的上网痕迹。
在网上发送资料之前，要先想一想	• 不要上传或分享任何你不想让你的父母、老师或朋友看到的东西。一旦你按下发送键，它就不再是私有的了。你发送的任何东西都可能被分享给其他人，你不确定谁会看到它。 • 直播和临时聊天窗口这样的应用会让人感觉更安全，因为它们不是永久性的。但是你在网上发布的任何东西都可以被截屏并保留下来，如果发生这种情况，那就超出了你的控制范围。
任何时候都不要分享或泄露你的密码	• 使用字母、数字和符号（如 £、$、&、! 等）的组合，使别人很难猜到你的密码。 • 自己保管密码，并定期更换。 • 如果你可以远程访问一个设备，改变默认密码可以让它更安全，也让其他人更难访问。
小心与你聊天的对象	• 如果有不认识的人加你为好友，忽略他们并删除他们的请求。不要和你不认识的人分享你的个人信息，比如你的地址或电话号码。

续表

注意事项	具体做法
保障你的设备安全	• 使用杀毒软件。你可以为手机、平板电脑、笔记本电脑安装杀毒软件。一定要及时更新，或者让成年人帮助你。 • 检查网站是否安全。在输入密码或与付款有关的私人信息之前，请在浏览器的网址后面或网址前面的“https”中查找挂锁符号。 • 点击网站前要三思。如果你收到来自陌生人的电子邮件，在点击链接或附件之前要三思——它可能含有病毒。 • 遮住你的摄像头。当你不使用你的摄像头时，或者关掉电源，或者遮住镜头，或者将它转向一面白墙，或者直接关闭你的电脑。 • 不要轻易和他人分享你的设备。只与你信任的人分享你的设备，并确保当你不使用它时，有一个强大的密码能够保护它。
当你遭受网络欺凌时，应当如何做	• 判断你是否已经处于网络欺凌的威胁下。一般情况下，当你面临这样的情况时，你已经开始接触到网络欺凌。如：有人在网上对你说脏话或骚扰你；有人给你发送暴力的直播或者视频；有人给你发送辱骂或者威胁的短信；有人向你分享一些令人尴尬的信息。 • 屏蔽并举报他。如果有人正在骚扰你或发送一些令你受到伤害的内容，你可以立刻向网站举报他。不要试图回应这些脏话，但是你应该尝试保存这些信息作为证据。 • 告诉一个你相信的成人。任何人都无权对你实施网络欺凌。当你遇到这些事情时，不要害怕去谈论它。你可以尝试和你最信任的成人（如老师、家长等）交流，他们会给你面对的勇气。

（三）实施效果

2018 年英国威尔士教育督导局在年度督导报告中提到，“Y 学校”的学生对学校认同度极高，特别是在学校安全方面给予了学校极大的认可，在该校就读的学生普遍表现出较强的安全感。负责视察该校的工作人员在报告中表示“几乎所有的学生都能够意识到上网时保护自己安全的重要性，并且可以和同伴交流怎样才能够避免来自网络的各类危险”。保障学生网络安全，强化学生在使用网络时的危机意识，是该校的一项突出特征。①

从学校提供的服务模式可以发现，该案例有很强的“可复制”性。“Y 学校”在平台上分享的资源均为国家或非营利机构提供的资源，属于对外公开信息。在互联网和在线运营技术如此发达的今天，该校能够有效整合优质在线服务资源，为学生提供及时、便利、专业的服务。这一案例无论是服务模式，还是所集成的各类项目和资源，均能够为学校增强学生网络安全意识、提供网络安全保障提供必要支持。

青少年网络安全问题在我国也较为突出。2017 年联合国发布的《全球网络安全指数》（Global Cybersecurity Index）报告指出，在 134 个被调查国家中，中国的网络安全指数排名仅为第 32 位，且在五大常任理事国中居末位。报告特别强调，发展中国家往往在网络安全方面缺乏必要的教育培训。而根据 2018 年共青团中央维护青少年权益部、中国社会科学院社会学研究所等发布的《中国青少年互联网使用及网络安全情况调研报告》，中国 16 岁以下的青少年网民数量约为 1 亿至 1.2 亿人，其中有 1/3 的青少年遭遇过网络色情信息骚扰，收到过网络诈骗信息的青少年比例为 35.76%，遇到过网络欺凌的青少年比例高达 71.1%。为此，教育部办公厅印发的《2019 年教育信息化和网络安全工作要点》中强调，各地各校把网络文明、网络安全教育纳入学校教育工作内容，重视校园文化建设，开展丰富多样的网络安全教育宣传活动，为学生营造良好的成长成才环境。上述案例可为我国开展青少年网络安全教育提供参考。

（执笔人：刘启蒙）

① Estyn. Inspection report Ysgol Gymraeg Brynsierfel 2018[R/OL]. [2021-03-01]. https://www.estyn.gov.wales/provider/6692168.

案例五：如何打造创客教育生态链

人类社会进入 21 世纪以后，网络经济蓬勃发展，人工智能、大数据等技术不断取得新突破，创新已经不是专家学者们的“专利”，一般的青年人，尤其是在数字化的虚拟世界里成长起来的一代人，有很强的创新意识和很大的成功可能。因而，与其让学生被动地接收科学技术知识，不如为他们提供研发、设计、制造等相关技能和快速生产工具，让他们自己动手认识并改变真实的世界。

2001 年美国麻省理工学院比特与原子研究中心成立数字制造实验室（Digital Fabrication Laboratory, 简称 Fab Lab），这是全球创客运动发展进程中的重要事件。Fab Lab 提供完成低成本制造所需的环境，开启了从个人创意设计到制造实现的新时代。当前，Fab Lab 通过标准化的制造工具与规范化的流程分享，形成了全球化的分布式创新制造实验室网络。[①] 自 2001 年建立以来，Fab Lab 已经在全球多个国家和地区建立了实验室。在 Fab Lab 的影响下，个人创意、个人设计和个人制造越来越深入人心，在全球引发了创客教育的浪潮。本案例主要介绍 Fab Lab 从诞生到现在的发展历史、其核心的课程和教学体系以及 Fab Lab 在全球的运作机制，以期为国内同行提供一定的参考。

（一）聚焦问题

Fab Lab 的目标是激励人们通过使用一系列先进的数字制造技术，将他们的想法转化为新产品。这个目标是由著名的发明家、科学家、麻省理工学院教授格申菲尔德（N. Gershenfeld）提出的。他的想法很简单：向企业家、艺术家、学生、小企业和任何想创造新东西或定制东西的人

---

① 清华大学创客教育实验室，现代教育技术杂志社．中国创客教育蓝皮书 [R/OL]. [2021-03-21]. https://www.intel.cn/content/dam/www/public/cn/zh/pdfs/csr-maker-education-2015-bluepaper.pdf.

提供环境、先进的材料和技术，以便在世界任何地方廉价、快速地制造物品。

该想法源于格申菲尔德教授的一门课“如何制造任意东西”（How to Make Almost Everything）。在课堂上他会为学生提供工具和机器，让学生通过动手自己探索科学。没有技术经验的学生在课堂上创造出了很多充满想象力的作品，例如能够在安静的环境中收集尖叫声并在合适场景下回放的盒子、为鹦鹉设计的计算机交互界面以及能够保护女性安全的裙子等。

格申菲尔德教授认为，数字革命的发展经历了两个重要的阶段，分别是个人通信阶段和个人计算阶段。目前，人类正处于第三次数字革命的前夕，在这次以“个人制造”为核心的革命中，相关的材料技术和信息技术已经露出苗头。Fab Lab 让普通人实现了制造的梦想，预示着“个人制造”时代的到来。从某种意义上说，Fab Lab 正是这即将到来的革命大潮前跃起的浪花。格申菲尔德教授于 2001 年在美国波士顿建立了全球首家 Fab Lab，之后迅速在世界范围内建立了多个实验室。

（二）解决方案

1. 建立全球线上社交网络平台（Fablabs.io）

Fablabs.io 是 Fab Lab 的在线社交平台，其用户包括制造商、艺术家、科学家、工程师、教育者、学生、业余爱好者，年龄在 5—75 岁，分布在 40 多个国家的约 1000 个 Fab Lab 中。在这个平台上，成员可以互相交流、共享知识、进行项目开发。全球范围内所有的 Fab Lab 都进行了连接，成员的知识、技术和设计创新都可以嵌入 Fab Lab 网络这一更大生态系统中。

Fablabs.io 是由巴塞罗那工厂实验室迪兹（T. Diez）和里斯（J. Rees）做的一个衍生项目发展而来的，与 Fab Lab 拥有相同的原理、工具和理念，后来由加泰罗尼亚高级建筑研究院（Institute for Advanced

Architecture of Catalonia，IAAC）[①]的 Fab 城市研究实验室（Fab City Research Lab，又名巴塞罗那工厂实验室）团队与 Fab 基金会（Fab Foundation）合作开发。它是一个免费的开源软件，获得了 GUN Affero 通用公共许可证[②]。

这个平台旨在促进设计师、制造商和用户之间的互动，也让更多的公众，包括城市和偏远山区的人参与到讨论中来。它又是一个开放性的资源平台，可以让每个用户在这个平台上贡献自己的智慧或者发布有关平台的技术开发和使用中产生的故障等方面的信息。

2. 成立 Fab 基金会，促进和支持国际 Fab Lab 网络的发展以及区域能力建设

Fab 基金会成立于 2009 年，旨在促进和支持国际 Fab Lab 网络的发展，加强世界各地数字实验室的能力建设。Fab 基金会是一个美国非营利组织，其使命是提供获得教育、创新和发明的工具、知识和财政支持的途径，利用数字制造技术让任何人都能够制造出（几乎）任何东西，从而创造机会改善世界各地人们的生活。社区组织、教育机构和非营利组织是 Fab 基金会的主要受益者。Fab 基金会的工作分为以下几个板块。

（1）网站。

网站发布 Fab 基金会的最新信息，旨在支持 Fab Lab 网络的交流，促进 Fab Lab 的业务和产品进入全球市场。

在财政资源允许的情况下，基金会将不时地把 Fab Lab 中涌现出的示范性商业概念和产品分享给风险投资与小额融资机构，以适当的形式，在适当的时间和适当的条件下提供资本，帮助它们沿着可持续的轨道前进。

---

① 加泰罗尼亚高级建筑研究院是一个研究、教育、生产和推广中心。

② GNU Affero 通用公共许可 v3.0 是最具权威的许可证，许可条件是在同一许可证下提供许可作品和修改的完整源代码。版权和许可声明必须保留。贡献者提供专利权的明确授权。当使用修改版本通过网络提供服务时，必须提供修改版本的完整源代码。见 https://github.com/fablabcn/fablabs。

（2）教育。

教育板块的工作是为所有年龄段的人提供数字制造工具和工艺，教授数字制造的技能和知识，开发正式和非正式教育环境中的课程，为教师、工厂实验室经理和其他专业人员设计和提供专业培训。

（3）组织。

Fab 基金会的工作包括促进数字制造，促进社区和 Fab Lab 的发展，在整个 Fab Lab 网络中传播数字制造的最佳实践经验，资助对人们和社区有益的 Fab Lab 和数字制造项目，如用于紧急援助的移动 Fab Lab。它既为新建的 Fab Lab 提供部署、安装、培训和咨询等服务，也为已建立的 Fab Lab 提供项目支持。

Fab 基金会还致力于收集关键的评估数据，以及提供体现 Fab Lab 在教育、商业和社会环境中影响力的工具；为 Fab Lab 社区提供网络服务，将世界各地的 Fab 实体实验室（用于年度会议和研讨会）或虚拟实验室通过在线工具和资源聚集在一起。

3. 建立全球性学院教育体系，促进课程研发、培训教学

万物学院（Academany）是 Fab Lab 建立的全球性教育机构，通过互联网为全球学生提供相同的学习内容和高水平的教育。它就像一个世界性的分布式校园，把 Fab Lab 作为教室和图书馆，学生通过线上课来学习知识，线下由当地的 Fab Lab 导师（Fab mentor）进行指导。Fab Lab 为学生提供所需要的各种资源和必要的机器。

万物学院两门主要的课程是数制学术课程和生物智造学术课程。数制学术课程是基于麻省理工学院格申菲尔德教授“如何制造任意东西”课程开发的，生物智造学术课程源于哈佛大学医学院遗传学教授丘奇（G. Church）开发的“如何种植任意东西”（How to Grow Almost Anything）课程。

2017 年 9 月万物学院又开设一门织造学术课程，内容涉及纺织品、生物和数字制造的融合。时装业是世界上最传统的行业之一，也是仅次

于石油的第二大污染行业。如今，全球 20% 的水污染是由纺织品加工造成的，纺织业的污染给生态环境带来了毁灭性的后果。因此，纺织业需要一种可持续发展的模式。织造学术课程是一门跨学科的课程，重点是开发可在纺织业中应用的新技术。该课程结合传统和最新的工艺知识，为缓慢变化的纺织和时尚行业寻求设计、原型制作和生产的新方法。数制学术课程和织造学术课程将持续 6 个月，其中 3 个月为研讨会和学习模块，另外 3 个月的重点是个人深入进行应用项目的研究。

Fab 学术 X（Academy X）是喀拉拉邦科技大学（Kerala Technological University）通过喀拉拉邦创业团（Kerala Startup Mission）和 Fab 基金会发起的一个项目，旨在成为世界上第一所向所有学生提供万物学院预科课程的大学。Fab 学术 X 具有以下几个关键要素：

- 将预科课程融入项目当中；
- 提供基于麻省理工学院 Fab Lab 最高标准的学习项目；
- 教学团队由 Fab Lab 网络的专家组成；
- 全部使用常用的、免费的、开放性的软件。

4. 全球 Fab 城市行动计划，为创建自给自足的新型城市而努力

到 2054 年，全球 70% 的人将生活在城市。这种快速的城市化带来了巨大的挑战，同时也带来了制度变革的机遇。如何有效降低城市发展所带来的损害，是整个社会必须共同面对的议题。

2011 年，加泰罗尼亚高级建筑研究院、巴塞罗那市议会、美国麻省理工学院比特与原子研究中心和 Fab 基金会一同在秘鲁首都利马举办的第 7 次 FAB 国际会议上提出这项计划，并于 2014 年在西班牙巴塞罗那举办的第 10 次 FAB 国际会议上正式启动这项计划。该计划的目标是打造一个全球性的城市网络，集体建设一个更加人性化的居住环境。它力图通过实施新的城市发展模式，构建基于分布式数据和制造业基础设施的新经济，在城市中创造一个螺旋式的创新生态系统。在这个生态系统中，物质在城市中流动，有关事物如何制造的信息在全球流通。

Fab 城市采用新型的城市发展模式，也就是从传统的“产品变垃圾”（Product In, Trash Out）模式转到“数据输入输出”（Data in, Data out）的资源转移和使用模式。城市内部有更多自主的生产能力，加上回收材料，通过当地的创新来满足当地的需求，这样有助于将物质和能源的损耗大幅减少。

在 Fab 城市中，公民、企业、教育机构和政府都各自发挥自己的作用，并通过共享信息找出问题的最佳实践方案。这样的城市必须拥有把当地的生产力与全球知识、经济和社会网络联系起来的能力，使得城市、公民与知识间的合作更为紧密。

（三）实施效果

1. 为全球的 Fab Lab 提供课程、培训和运营支持，促进了 Fab Lab 在世界范围内迅速扩展，提高了世界各国的数字制造水平

根据 Fab Lab 的统计，目前全球范围内已经有 200 多个工厂实验室，共有 1172 个注册的 Fab Lab，分布在全球 35 个国家和地区，其中美国拥有 150 个 Fab Lab，法国和意大利分别有 145 个和 131 个。自成立以来，Fab Lab 就通过多种方式来支持世界各地工厂实验室的建设和发展。Fab Lab 正在成为创新技术的孵化器，以及在“真实”世界中衍生产品和颠覆性举措的创造者。Fab Lab 提供的在开放的实验室中进行实验研究的可能性，为我们创新性地思考和重构当今现实提供了物质和精神空间，为发展、检验、实现人类的想象提供了资源，并对人们的生活产生了积极影响。

2. 在客观上促进了我国数字制造和创客行业的发展

中国虽然已经有数量可观的创客空间，但加入 Fab Lab 全球社区的还只有 17 家。2013 年国内获得认证的 Fab Lab 实验室首先在上海出现，Fab Lab 的创新研究理念和科创教育实践在国内迅速推广，形成一股势不可挡的创客浪潮。目前上海、深圳、苏州、武汉等地都设立了 Fab Lab 开放实验室，将国际先进科创教育理念和资源与国内教育实际需求相结合，

并发展各自的特色。

以上海的“数制”工坊为例，其定位是以 3D 打印、开源硬件和开放设计为立足点，以 Fab Lab 教育为核心基础，鼓励跨学科合作，实现人文、技术和设计的有机结合，营建集聚创客社区，通过与资本、企业的合作，探讨新时代产业链的建立，推进社会智造革新。

“数制”工坊在中国落地了全球数制学院（Global Fab Academy）、全球生物学院（Global Bio Academy）、全球织造学院（Global Fabric Academy），并且创立“数制”工坊品牌，自主研发了适合中国文化和学生的中国“智造学术 X”（FABO Academy X）和中国“数制”乐园（FABO Playground）课程体系。

2019 年 10 月，Fab 基金会首席信息官、全球数制学术课程项目负责人巴兹尔（F. Basile）与同济大学设计创意学院“数制”工坊创始人丁峻峰举行了签名授权仪式，对“数制”工坊本地开发的课程中国“智造学术 X”表达了官方的认可，正式确认其为全球第一个授权落地的本土化课程。未来在师资培训、线上线下双师的教学模式方面，“数制”工坊将与 Fab 基金会全球导师达成全面合作。

“数制”工坊立志打造中国创客创业生态链，凝聚本土社会可持续发展、推动经济改革的中坚力量，实现中国从“制造中国”向“智造中国”的飞跃。“数制”工坊荣获 2019 联合国教科文组织亚太地区教育创新文晖奖[①]，成为中国唯一获得该奖的单位。

（执笔人：康翠萍）

① 文晖奖是以创新促进教育发展和提高教育质量为目标，由联合国教科文组织亚太地区教育局与中国联合国教科文组织全国委员会联合设立的奖项，旨在表彰亚太地区在教育创新发展方面做出杰出贡献的教育工作者或教育机构、通过开展教育创新改善教学质量的教育工作者或教育机构，鼓励在改善教学质量方面的持续探索与创新。文晖奖在推动教育理念、教育政策、教育实践创新方面发挥了重要作用，在亚太地区产生了广泛而积极的影响。

第三章

区域公平与教育创新

2007年和2017年，经济合作与发展组织先后发布了《不再有失败：教育公平的十个步骤》和《过去十年间教育公平在哪里有所改进》两份报告，着力强调教育公平。《教育部2018年工作要点》中指出，要大力促进教育公平，完善公共教育服务体系。这是国内外积极推动教育公平的缩影。教育是民族振兴的基石，教育公平是社会公平的重要基础。本章所收录的四个案例体现的是解决教育公平问题的四种不同路径。这些路径包括以游戏化学习为理论基础的教育应用程序、以在线学习为依托的线上教育社区、以标准化课程和电子教学课件为主的传统课堂教学，以及由家长所主导并构建的家庭教育环境。这些案例可以从不同侧面为我国教育事业公平发展提供启示。

案例一：如何运用教育游戏小程序解决教育公平问题

教育公平是公平正义在教育领域的重要体现，是人类永恒的价值追求。教育公平在法律上是指人人都享有平等的受教育权，在教育政策上是指人人都能平等享有公共教育资源，在教育活动中是指人人受到平等的教育对待。[①] 然而，在世界的不同角落，教育不公平的现象依然存在。

从 2011 年起，叙利亚开始陷入内战，给人民带来了严重的灾难。据联合国不完全统计，叙利亚内战爆发以来，叙利亚国内一半人口流离失所、逃往国外。截至 2019 年年底，土耳其境内的叙利亚难民人数已经高达 370 万，黎巴嫩接收了近 100 万名叙利亚难民，约旦、伊拉克和埃及也分别接收了 70 万名、25 万名和 15 万名叙利亚难民。除了前往周边邻国，叙利亚难民还逃往一些欧洲国家，比如意大利、法国等。[②]

难民问题引发的教育问题也得到了一些国际组织的关注。许多叙利亚难民儿童因为战争，心理遭受了严重创伤，直接影响了他们的学习、生活。在一个新的国家开启教育旅程的叙利亚难民儿童，由于受到语言的影响，在阅读识字方面遇到极大的挑战。因此，基于教育公平的视角，关注叙利亚难民儿童在新的国家重新开启教育之路所遇到的困难，成为教育研究者进行教育创新的突破口。

---

① 石中英．教育公平的主要内涵与社会意义 [J]. 中国教育学刊，2008（3）：1–6, 27.

② 王晋．叙利亚难民危机缘何难解 [N]. 解放军报，2020–12–01（4）.

为了帮助叙利亚难民儿童有效解决上述问题，“所有儿童参与阅读：发展中的重大挑战”（All Children Reading: Grand Challenge for Development）项目组联合挪威政府、挪威发展合作机构（Norwegian Agency for Development Co-Operation）、挪威科技大学（Norwegian University of Science and Technology）、法国移动运营商 Orange 和紧急教育网络援助机构（Inter-Agency Network for Education in Emergencies）共同发起了“适用于叙利亚儿童的教育程序”教育创新案例征集活动。征集到的两款游戏应用程序“安图拉和字母”（Antura & the Letters）和“喂怪物”（Feed the Monster）获得国际教育创新竞赛奖。这两款程序都是以游戏的方式培养儿童识字阅读能力、改善儿童心理健康状况，不仅符合儿童的年龄特点，而且能够增强儿童学习的兴趣。目前，这两款教育游戏应用程序已经得到了推广使用。

（一）聚焦问题

有机会接触书籍是提高儿童识字阅读能力的前提。识字阅读是发展的基石，是儿童未来在学校、职场和社会中取得成功的重要途径。有研究表明，在至少有 20 本书的家庭中长大的儿童和在没有书的家庭中长大的儿童相比较，前者相当于多接受了三年的学校教育。阅读可以帮助更多的儿童充分发挥他们的潜力。研究也发现，当儿童用自己的母语接受教育时，他们在阅读上会取得更大的成功。根据联合国教科文组织的观点，儿童用可理解的语言接受教育，更有可能在学校教育中取得成功。另外，与只会一种语言的同龄人相比，接受多语言教育的儿童往往会在思维技能上得到更好的发展。①

叙利亚的暴力冲突严重影响了儿童接受教育的机会和心理健康。据

① Evans M D R, Kelley J, Sikora J, et al. Family scholarly culture and educational success: books and schooling in 27 nations[J]. Research in Social Stratification and Mobility，2010, 28（2）：171–197.

统计，截至 2016 年，有超过 225 万名叙利亚难民儿童无法获得学校教育，而那些接受学校教育的儿童由于长期受到战争的影响，以及在一个新的国家使用他们难以理解的课程材料学习，缺乏基本的识字阅读技能，其发展受到了严重影响。此外，暴力冲突使一些儿童受到强烈的外界不良刺激，导致他们的心理受到一定程度的影响。因此，如何帮助那些背井离乡、移民到新的国家的叙利亚难民儿童发展识字阅读能力，改善心理健康状况，不仅是摆在难民接收国政府面前的一个重要问题，也是国际教育研究者需要重点关注的问题。

（二）解决方案

教育应用程序项目组开发了两款智能教育游戏应用程序，其目的就是帮助叙利亚难民儿童解决识字阅读和心理健康问题。下面对两款智能教育游戏应用程序的创新之处进行介绍。

“安图拉和字母”是一款需要玩家至少用 36 个小时来完成游戏的应用程序，包括 6 个级别。玩家在进入游戏之前需要创建一个配置文件。游戏对玩家的年龄有限制，但不根据玩家年龄调整游戏的级别。游戏设计的 6 个级别是：

（1）以两三个字母为一组来介绍字母，并通过字母歌、字母命名和形状匹配进行强化；

（2）介绍一部分字母的形状以及字母是如何在一个词的开始、中间和结束时改变形状的（字母的变形）；

（3）介绍剩余部分的字母；

（4）介绍主要的变音符号及其在词中的位置，强化先前的材料；

（5）引入更专业的变音符号、文章和词汇，并强化先前的材料；

（6）介绍常用短语（如问候语）和常用词汇（如天气、星期、月、年和颜色），并强化先前的材料。

这 6 个级别中的每一级别都是由 45 个关卡组成的，玩家在每一关卡玩 1 个、2 个或 3 个迷你游戏，而安图拉（一只狗）则在地图上标出玩家到达的地方。玩家必须按照指定的顺序完成一个关卡内的识字阅读任务，并在进入下一个关卡之前完成所有的迷你游戏。根据玩家的表现，每个迷你游戏结束后，玩家将获得最多 3 个奖励。

在游戏开始时，首先展示游戏玩法和正确作答的例子。答错时会出现一个红色的“×”，答对时会出现一个绿色的复选标记。大多数迷你游戏都提供 3 次修正的机会。

“喂怪物”作为另一款用时较短的游戏应用程序，玩家只要 3 个小时就可以完成，该程序不评估或调整玩家的文化技能水平。玩家通过选择一个动物角色进入游戏。“喂怪物”将 5—6 个字母分成一组。在每组中：

（1）向玩家介绍字母和发音，然后玩家正确匹配字母和发音，喂怪物正确的字母；

（2）向玩家介绍带有元音的音节和发音，然后玩家根据听到的正确发音喂怪物正确的字母或元音；

（3）以书面形式向玩家介绍音节和发音，然后玩家根据听到的正确发音喂怪物正确的音节；

（4）向玩家介绍单个字母、字母 / 元音组合、音节或者字母序列以及相对应的发音，然后玩家根据听到的正确发音喂怪物正确的字母、元音、音节等；

（5）向玩家介绍单词，然后玩家按照正确的拼写顺序喂怪物。

玩家完成这些任务后，可以按照同样的顺序继续进行字母的学习。在玩游戏的过程中，当玩家正确回答问题时，怪物就会高兴，同时玩家在完成每个等级的游戏后可以获得 1—3 颗星。获得的星星数量依据的是玩家玩游戏的速度和准确性。此外，不同的怪物会给玩家提供不同的特殊物品，包括一个冻结符号用于减慢给定任务的倒计时速度，或一根火柴用于减少不正确的字母或音节的显示数量，帮助玩家在游戏中进步。如果玩家答错了所有问题或长时间停止游戏，怪物就会表现出负面情绪，比如悲伤。在游戏之外，还有一些迷你游戏，包括一个允许玩家抚摸和安慰其中一个怪物的游戏，以及字母绘画练习和一个单词及图片的记忆游戏等。

上述两个游戏应用程序就是教育应用程序项目组为叙利亚难民儿童所开发的识字阅读工具，它们将先进的技术手段融入教育领域，使识字阅读变得更加有趣，帮助儿童提高识字阅读能力，同时改善儿童受到外界强烈刺激后的心理健康状况。

（三）实施效果

“所有儿童参与阅读：发展中的重大挑战”项目组和发展与数字学习项目组（Digital Learning for Development）作为提升处境不利儿童的识字阅读能力、发展数字化学习的组织机构，共同承担了评估两个游戏应用程序使用效果的工作。评估主要有两个目标：

- 评估每个游戏应用程序对儿童识字阅读能力的影响；
- 评估每个游戏应用程序对儿童社会心理健康的影响。

评估采用了纵向准实验设计，比较了使用游戏应用程序的儿童和未使用游戏应用程序的儿童在识字阅读能力和心理健康方面的变化。所有的儿童几乎都没有接受过教育，都住在约旦的阿兹拉克难民营。评估采用定性和定量相结合的方法。关于“安图拉和字母”及“喂怪物”的完整影响评估报告，可以在相关网站（http:// allchildrenreading.org）上查阅，下面仅呈现一些重要的量化结果。

（1）游戏应用程序对儿童识字阅读能力的影响。

识字阅读能力主要使用早期阅读能力评估（the Early Grade Reading Assessment）的一个子测验来评估，包含字母发音（letter sound）、音节阅读（syllable reading）、发明新词汇阅读（invented word reading）和口头阅读流畅性（oral reading fluency）共四个方面的内容，涉及语音意识、解码、单词识别、词汇知识、口头阅读流畅性以及理解六项技能。具体的评估结果如下。

使用“安图拉和字母”应用程序（实验组）的儿童在发明新词汇阅读和口头阅读流畅性上的表现显著好于未使用该应用程序（控制组）的儿童，表明实验组儿童在自动化解码上取得了进步，同时儿童不需要解码进行阅读的能力也有所提升，儿童的词汇量增加（见表 3–1）。调查结果显示，使用“安图拉和字母”应用程序能够有效提升儿童的识字阅读能力。

表 3–1 “安图拉和字母”对儿童识字阅读能力影响的实证调查结果

子任务	组类别	基线（均值）	总增值	增值比（%）	效应值
字母发音	实验组	7.72	2.59	34	0.14
	控制组	13.10	0.02	0	
音节阅读	实验组	4.42	2.25	51	0.17
	控制组	7.85	0.59	8	
发明新词汇阅读	实验组	0.90	0.73	81	0.24*
	控制组	2.54	–0.29	–11	
口头阅读流畅性	实验组	3.42	2.42	71	0.31*
	控制组	6.43	0.03	0	

注：* 表示 95% 的置信水平。

使用“喂怪物”应用程序（实验组）的儿童在音节阅读和口头阅读流畅性上的表现显著好于未使用该应用程序（控制组）的儿童，同样表明实验组儿童在自动化解码上取得了进步，同时儿童不需要解码进行阅读的能力也有所提升，儿童的词汇量增加（见表 3–2）。调查结果显示，使用“喂怪物”应用程序能够有效提升儿童的识字阅读能力。

表 3-2 “喂怪物”对儿童识字阅读能力影响的实证调查结果

子任务	组类别	基线（均值）	总增值	增值比（%）	效应值
字母发音	实验组	13.21	2.52	19	0.12
	控制组	13.10	0.02	0	
音节阅读	实验组	9.18	3.78	41	0.25*
	控制组	7.85	0.59	8	
发明新词汇阅读	实验组	2.83	0.69	24	0.17
	控制组	2.54	–0.29	–11	
口头阅读流畅性	实验组	6.71	2.61	39	0.24*
	控制组	6.43	0.03	0	

注：* 表示 95% 的置信水平。

（2）游戏应用程序对儿童心理健康的影响。

采用优势与困难问卷（the Strengths and Difficulties Questionnaire SDQ）评估儿童的心理健康状况，问卷涉及儿童在五个方面的优势与困难：情绪症状（emotional symptoms）、活动过度 / 粗心（hyperactivity/ inattention）、亲社会行为（prosocial behavior）、品行问题（conduct problems）、同伴关系问题（peer relationship problems）。[①] 研究者分别对控制组和实验组儿童的家长进行评估，了解儿童在五个方面的变化情况，具体的评估结果如下。

对“安图拉和字母”这一应用程序，123 名控制组儿童的家长和 127 名实验组儿童的家长同意参加基线调查，而仅有 47 名控制组儿童的家长和 53 名实验组儿童的家长同意参加终点调查。基线调查结果显示，在 SDQ 评估的五个方面，大部分控制组和实验组儿童得分正常（见图 3-1）。然而，实验组儿童在五个评估方面的总体优势有所扩大（从基

① 关于问卷的详细信息请参阅网站：https://allchildrenreading.org/competition/eduapp4syria-prize/。

线调查的 58.0% 到终点调查的 74.0%），而控制组儿童在五个评估方面的总体优势有所缩小（从基线调查的 76.6% 到终点调查的 70.2%）。此外，实验组儿童在五个评估方面的总体困难得分有所下降（从基线调查的 21.0% 到终点调查的 8.0%），而控制组儿童在五个评估方面的总体困难得分有所上升（从基线调查的 4.3% 到终点调查的 10.6%）。这一结果表明：与同期经历心理健康水平下降的控制组儿童相比，玩“安图拉和字母”的儿童心理健康状况有所改善。

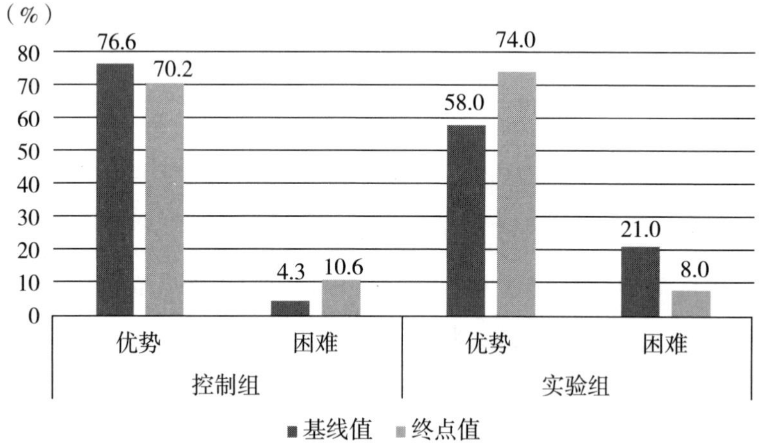

图 3-1　应用“安图拉和字母”后的 SDQ 问卷调查结果

对“喂怪物”这一应用程序，123 名控制组儿童的家长和 125 名实验组儿童的家长同意参加基线调查，而仅有 47 名控制组儿童的家长和 65 名实验组儿童的家长同意参加终点调查。总体而言，基线调查时，控制组和实验组儿童在 SDQ 评估的五个方面大部分得分正常。然而，实验组儿童在五个评估方面的总体优势有所扩大（从基线调查的 60.3% 到终点调查的 72.1%），而控制组儿童在五个评估方面的总体优势有所缩小（从基线调查的 76.6% 到终点调查的 70.2%）。此外，实验组儿童在五个评估方面的总体困难得分有所下降（从基线调查的 14.7% 到终点调查的 7.4%），而控制组儿童在五个评估方面总体困难得分有所上升（从基线调查的 4.3% 到终点调查的 10.6%）（见图 3–2）。这一结果表明：与同期经历心理健康水平下降的控制组儿童相比，玩“喂怪物”的儿童心理健康状况有所改善。

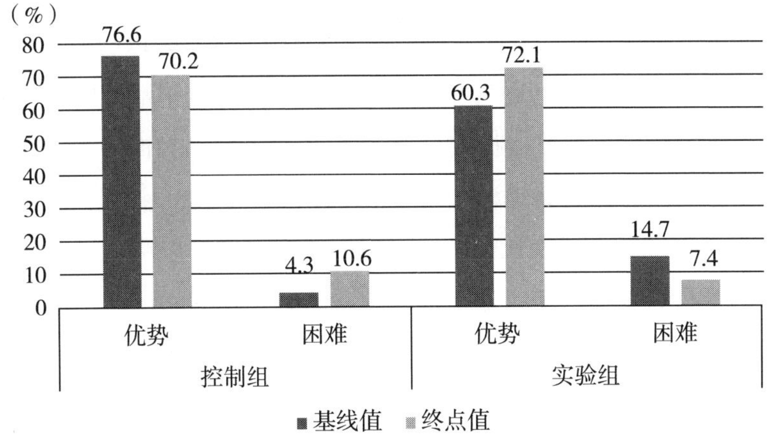

图 3–2　应用“喂怪物”后的 SDQ 问卷调查结果

总体而言，叙利亚难民儿童接受教育的机会有限，而数字化学习为他们获得更多的教育资源提供了可能。评估结果发现，两款游戏应用程序无论是在提升识字阅读能力，还是在促进心理健康方面都起到了积极的作用，为推动世界教育公平贡献了一份力量。

（执笔人：周达）

案例二：如何构建“世界最大的课堂”

教育是社会发展的不竭动力，是推动人类文明进步的基石，全面发展教育事业是世界各国的基本任务之一。然而，不同国家政治、经济和文化发展状况不同，使人们在接受教育的过程中遇到了各种各样的问题，教育公平问题就是其中之一。教育公平是学校和地区在进行教育改革的过程中，坚持公正和包容，确保为每个孩子提供他们获得成功所需的教育资源。[①] 为了让学生获得同等接受教育的机会，发展学生的 21 世纪核心技能，“世界最大的课堂”（the World’s Largest Lesson）项目应运而生。

“世界最大的课堂”项目部分解决了当前的教育公平问题，世界各地有网络的青少年（4—18 岁）都可以参与其中。该项目以当前全球在发展过程中所面临的社会问题为导向，让全世界的青少年都有机会了解这些问题，为社会的不断发展提供动力。另外，“世界最大的课堂”项目也关注青少年协同合作、有效沟通、问题解决、批判思考、创造能力的发展，以让青少年了解全球性社会发展目标为指向，设计以跨学科课程内容为载体的项目式学习任务，通过在线学习的方式拓展学习活动，让世界不同国家的青少年参与学习，提升 21 世纪核心技能。值得关注的是，该项目突破了年龄的界限，一些项目式学习任务符合不同年龄阶段学生的特点，这也是该项目的创新之处。

（一）聚焦问题

“世界最大的课堂”是人人项目（Everyone Project）的子项目，人人项目与联合国儿童基金会及其他非政府组织、私营部门和基金会合作制定了“世界最大的课堂”项目的主要目标，即让全世界的青少年了解全球可持续发展目标（见图 3-3）并采取切实有效的行动，使他们能够从中获得激励，并在未来的生活学习中主动实践、实现这些目标。

---

① OECD. Equity and quality in education: supporting disadvantaged students and schools[R]. Paris: OECD Publishing，2012：3.

图 3-3　全球可持续发展目标

2015 年 9 月 25 日，193 个联合国成员国的领导人会聚一堂，共同讨论了世界所面临的问题并制订出一份解决问题的计划。他们将此计划命名为“17 个全球可持续发展目标”，也就是我们所熟知的“全球可持续发展目标”，它的三大核心内容分别为改变不平等和不公正现象、消除极端贫困、应对气候变化。

（二）解决方案

为了实现全球可持续发展目标，该项目团队建议使用他们自己开发的素材作为课程实施和开展项目的内容，为全球参与该课程的学生提供互相学习的在线平台。具体来说，所有的课程均以学科为背景，同时围绕 17 个全球可持续发展目标进行项目式学习任务的开发。下面结合具体的课程案例，介绍项目团队所开发的一个课程。

课程案例：食物——每盘食物都有一个故事

这一课程总时长为 60 分钟，主要针对 9—14 岁的学生，涉及的发展目标有 11 个，具体内容如下。

1. 涉及学科

科学、地理、社会、语言艺术/读写、数学。

2. 学习目标

学生将：

- 了解创建全球可持续发展目标的过程以及在2030年之前需要实现的全球可持续发展目标；
- 在全球可持续发展目标和他们的生活之间建立起联系；
- 评估具有代表性的餐食的设计方案，确定并寻找支持全球可持续发展目标的餐食替代方案；
- 整合信息并通过食物的选择行动，实现对全球可持续发展目标的个人承诺。

3. 课程准备

- 打印课程所需要的相关文件；
- 课堂环境应能促进讨论和小组协作，可把椅子摆成圆圈状或围绕桌子摆放；
- 如果视频和音频设备不可用，可以通过共享一张海报代替；
- “可持续发展目标”海报；
- “每盘食物都有一个故事”活动表；
- “我的盘子承诺”海报；
- 写作和绘画材料；
- 视频。

4. 教学过程

（1）课程开始时先介绍“目标”一词，并邀请学生通过思考他们生活中的目标，建立人与人、地方和环境之间的联系。学生会在熟悉全球可持续发展目标和与目标设计融合起来的过程中学到知识。

（2）在课程中，学生将通过对话、协作和研究等方式开展活动，并对他们的食物选择形成具体的认识。

（3）课程结束时，该项目团队还会邀请教师和学生共同参与绘制一幅全球地图，用地图的形式描绘和分享他们为全球可持续发展目标的教育所做的贡献。学生还可以在网站上贡献他们对所学知识的想法：如果全球可持续发展目标得以实现，青少年的生活和未来就会改变；不仅如此，年轻人也要为目标的实现做出贡献。

（4）为加深理解，并继续了解全球可持续发展目标和世界粮食系统，该项目团队提供了相关调查活动作为拓展内容，并邀请教师在全球协作拓展课堂中分享经验。

5. 教学设计：每盘食物都有一个故事

基本问题

对自己盘子里的食物进行评估，承诺将怎样支持全球可持续发展目标的实现。

（1）激活已有知识

介绍和讨论设定目标的过程：

① 教师分享自己设定的目标实例，并描述自己为达到目标而采取的行动，描述设定目标的常见步骤。例如：

- 确定目标；
- 写下目标并与另一个人分享，然后记录目标；
- 制订一个分步计划。

② 邀请几位学生分享他们制定目标的经历，以及为实现目标而采取的行动。

（2）介绍全球可持续发展目标

① 与学生分享本课目标。

② 向学生展示印刷的海报，介绍全球可持续发展目标，描述联合国的工作，并说明全世界是如何达成共识并制定出这 17 个目标的，即通过这些目标呼吁全世界采取行动消除贫困，保护地球，确保所有人都享有和平与繁荣。分享联合国和世界各国为实现这一目标而做出的努力，或

者播放由尤萨夫扎伊（M. Yousafzai）推出的视频，从而以学生易于接受的方式设定场景，并介绍全球可持续发展目标。

③ 写出“可持续”（substainable）、“发展”（development）和“目标”（goal）等词语，并邀请学生分享他们对每个词的理解。另外，介绍这三个单词的首字母缩略词 SDG，说明它和全球可持续发展目标的关系。

（3）在全球可持续发展目标和日常生活之间建立联系

理解了可持续发展目标的概念后，向学生们强调，无论处于什么年龄、什么地点，地球上的每个人都应该为实现这一目标贡献一份力量。而且，每个人的作用都很关键，每个人都有能力带来重要变革。每个学生都能通过多种方式帮助人类在 2030 年之前实现全球可持续发展目标，询问他们有哪些做法有助于实现这一目标。听取学生的意见后，再说明有一种做法就是改变日常的饮食行为。

（4）学习活动：食物和全球可持续发展目标

将学生划分为三个人数相等的小组，并给每个小组分配一个领域：可持续；发展；目标。

介绍食物和视频。指导各组注意视频中分享的内容，并记录下与小组主题有关的任何想法。想法可记录在便笺纸、卡片或电子设备上。给学生播放视频，并突出显示相关要点。播放完后，先请各小组讨论，探讨想法之间可能存在的联系，并突出视频中展示的目标。如果无法分享视频，请使用海报或宣读脚本，并要求学生按照相同的过程确定海报中提出的要点如何与这些主题发生联系。

（5）介绍“我盘子里的食物有一个故事”调查

教师向学生展示“每盘食物都有一个故事”活动表，说明在活动中，学生将对选定的菜肴进行调查，发现它背后的故事。学生应该举例说明或拍摄具有代表性的餐食（例如最喜爱的餐食、最近吃过的餐食、常规餐食），然后选择餐食来完成问题。教师大声宣读五个问题，并告诉学生通读活动表附带的注释。如果学生无法明确回答，则要求他们做出有根据的判断。此外，可以用地图、网站和书籍等资源帮助学生确定答案，同时要求学生把“承诺”部分留到课后完成。

（6）学习活动：“我盘子里的食物有一个故事”

① 填写调查表。

分发“可持续发展目标”海报和“每盘食物都有一个故事”活动表，帮助任何有疑问的学生或可能需要额外指导的学生。

② 评价和反思。

所有学生完成活动后，分发“我的盘子承诺”海报，让学生两人一组根据活动表上的答案和确定的全球可持续发展目标，一起评估餐食。让他们思考“我能做什么不同的事”和“我能告诉谁”等问题。答案可以在海报或电子文档中共享。

③ 承诺。

介绍“承诺”一词以及承诺与实现目标间的联系，讨论如何使用活动产生的答案指导正式的承诺。学生可分享关于承诺的想法，同时要记录自己的正式承诺以完成活动表。然后，他们可以使用“可持续发展目标”海报，选择完成其承诺的相应行动。

（7）结论

重新回顾课程目标和关于目标设定的讨论。宣布承诺后，请学生思考他们的行动步骤，并要求他们和家人、朋友分享自己围绕全球可持续发展目标所做的承诺，在班级中确定一个重新审视承诺的时间点，看谁成功地做出了改变。此外，在教室墙上展示活动表，鼓励学生继续讨论和拓展想法。

活动：全球协作扩展

教师可以把学生和世界各地的教室连接起来，以此充实学生的理解和观点。可以通过绘制“世界最大的课堂”全球地图与他人建立联系。

通过以下方式分享你的学习：

- 张贴学生的活动照片和活动表图片；

● 发布学生阅读自己承诺的视频；

● 邀请其他班级的学生通过电子邮件和 Skype 通话，或作为笔友，分享他们的经验。

（三）实施效果

“世界最大的课堂”项目自 2015 年 9 月推出以来，已覆盖 130 多个国家，并免费提供所有的学习资源，同时将其翻译成十多种语言，供不同国家的儿童使用。该项目具有以下三个特点：（1）充分利用了现代教育技术手段，全球的儿童能够通过在线网络资源参与到最优秀的教育创新项目中，从而为解决教育公平问题提供了重要的解决方案；（2）内容符合现代教育理念，即关注全球性问题，其所有的课程都是围绕这 17 个全球可持续发展目标设计的；（3）面对的对象跨越了年龄的界限，不同的课程以不同的形式适用于不同年龄阶段的儿童。该项目已使全球 800 多万名儿童受益。李一诺女士 2016 年创办的一土教育，正是联合国可持续发展目标教育在中国本土的探索与尝试。在她们的课程体系中（见图 3–4），跨学科项目制主题课程以 17 个全球可持续发展目标为指向，进行开发与建设。目前，一土学校已经在中国大地生根发芽，得到越来越多的人的认可。相信在今后，这类项目将在不同程度上对全球的青少年产生影响，从而为实现全球可持续发展目标提供更多的可能。

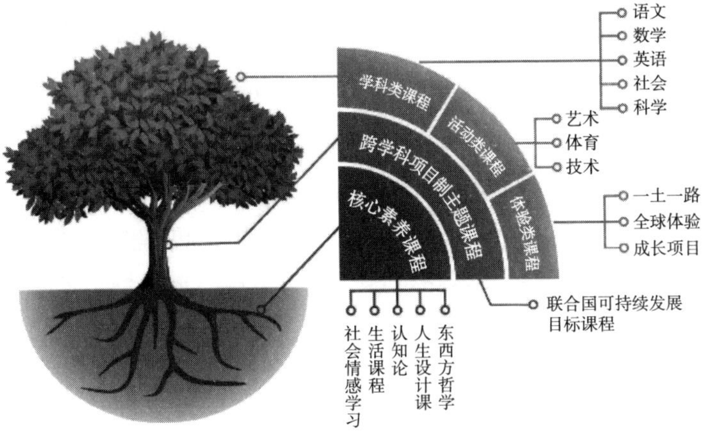

图 3-4　全球可持续发展目标教育的本土化课程框架

注：源自一土学校网站。

（执笔人：周达）

案例三：如何提升贫困地区教育质量

贫困问题一直是全球关注的焦点，而教育正是消除贫困的一个重要因素。全球每年都有大量儿童失学，更糟的是，许多发展中国家没有足够的资源为所有儿童提供高质量的教育。以赞比亚为例，在非洲南部和东部国家教育质量监测中，赞比亚英语和数学两个科目成绩都是倒数第二，赞比亚教育质量低下，其基础教育发展面临巨大困难。[①] 为此，一家名为影响网络（Impact Network）的平台设计了一个名为“eSchool 360”的项目，这是一个在赞比亚农村运营的综合项目，主要为接受教育较少的贫困学生提供高质量的教育，同时将办学成本控制在最低水平。该项

① 冯典．区域·国家·学校：赞比亚基础教育质量评价的三重维度 [J]. 比较教育研究，2016（2）：34-40.

目采用在线教育的模式和基于活动的教学，对贫困学生的学习动机和学业表现产生了积极的影响，但办学成本却比公立学校和社区学校低得多。这有效缓解了贫困儿童上学的需求增加和政府资源不足之间的矛盾。

（一）聚焦问题

世界银行 2000—2001 年度报告指出：贫困不仅意味着低收入、低消费，而且意味着缺少受教育的机会、营养不良、健康状况差，意味着没有发言权和恐惧。[①] 随着经济发展和科学技术的不断进步，世界各地的贫困程度有所下降。但是，贫困依然是全球面临的重要问题。2000 年 9 月，世界各国领导人聚在一起，承诺各国将帮助减少极端贫困，并通过了"千年发展目标"，到 2015 年世界各地的儿童能够完成小学教育是其中一个重要目标。在全球范围内，慈善机构和非政府组织建立了数千所学校，以帮助实现普及初等教育的目标。

尽管如此，全球仍有数千万名儿童失学。在撒哈拉以南的非洲地区，只有 53% 的学生完成小学学业，28% 的学生进入中学，不到 10% 的人能上大学。生活在农村的贫困儿童比生活在城市的富裕儿童获得成功的可能性更小。

许多国家没有足够的资源来建造学校并为所有儿童提供高质量的教育，这就使社区学校应运而生。这些学校通常由非政府组织建立，然后移交给当地社区运营。但是，社区学校往往缺乏资金、先进的管理理念和方法、训练有素的教师，以及系统的课程。

赞比亚是非洲中南部一个内陆国家，经济基础相对薄弱，人力资源短缺，严重制约了社会发展。赞比亚政府设立了一个雄心勃勃的 2030 远景目标——建设一个富裕的中等收入国家。因此，抓住教育这个关键，

---

① 郭新华，戎天美．国外关于教育与贫困变动理论研究新进展 [J]. 教育与经济，2009（1）：48-52.

力推教育创新，是赞比亚政府的工作重心之一。eSchool 360 项目在赞比亚农村实施，旨在解决由师资、管理等带来的问题，为农村学校学生提供高质量的教育，同时将办学成本控制在最低水平。eSchool 360 项目为在当地聘用的教师提供平板电脑和投影仪，以便他们开展电子教学。每周给教师提供专业培训，重点是帮助他们学会使用电子技术和提高教学技能。目前，赞比亚有 10 个这样的项目服务学校（eSchool），这些学校均由纽约市一个非营利组织——影响网络运营。影响网络是最大的也是唯一由非裔美国人独立创建的国际励志电视网络平台。

（二）解决方案

eSchool 360 项目是一个针对教育服务水平较低的农村学校的整体技术解决方案。该项目提供平板电脑和投影仪，并装载基于活动的课程，为当地教师提供创造性的课程、教学计划和定期的培训。它是一个全面的解决方案，以低成本的方式，年复一年地为农村学校学生提供高质量的教育。

该项目包含很多内容（见图 3–5），具体描述如下：

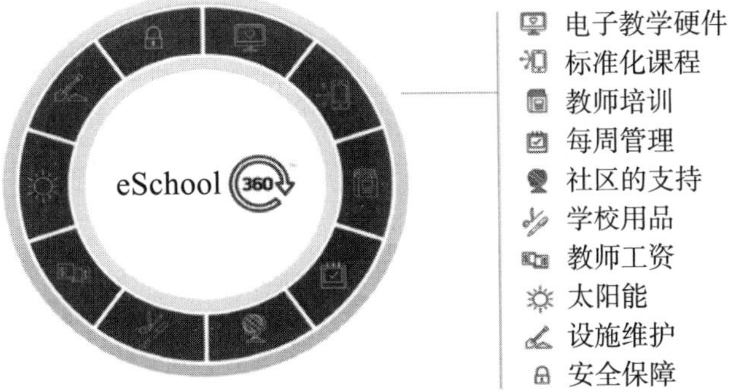

图 3–5　eSchool 360 项目解决方案构架

电子教学硬件：教师使用低功率平板电脑和投影仪来辅助指导和管理小组工作。

标准化课程：项目服务学校开发课程和课程计划，并且与赞比亚的国家课程标准保持一致，以摆脱传统的死记硬背的学习方式。

教师培训：聘用当地教师。这为当地人提供了他们非常需要的就业机会，并确保了教师对社区有归属感。每个教师每周都会收到来自经验丰富的主管教师的反馈，从而保证他们得到持续的专业发展。

每周管理：专业人员为每所学校提供支持，包括后勤保障。

社区的支持：通过社群活动体现社区对学校的支持。此外，每所学校的家庭教师协会为学校提供支持，并积极引导家长参与学校事务。

学校用品：由于该项目针对的是资源不足的家庭，因此会给学生和教师提供足够的学习用品。

教师工资：在其他社区学校，教师通常是志愿者，他们的工资很低。在该项目中，教师们可以获得维持日常生活的基本工资。

太阳能：大多数农村地区需要可靠的、环保的太阳能电力系统来确保照明和正常的电子教学。

设施维护：安全可靠的设施是为学生提供高质量学习环境的关键。

安全保障：提供坚固、钢制的门板和安保人员。

该项目每月为每个学生提供 3 美元的资助，致力于让每一美元捐款都发挥作用，并形成一种模式，使政府、社区和非政府组织能够在不大量花费的情况下提高学校教育的质量。

为了评估项目的效果，来自美国的研究小组与当地评估人员合作，从三组不同学校中收集学生纵向发展数据，包括项目服务学校、周边地区的公立学校、周边社区学校。每个小组由 5 所不同的学校组成，分别有 40 名 1 年级和 2 年级学生，总共有 15 所学校和 600 名学生。公立学校和社区学校组成了对照组。评估工作包括下列主要部分。

对所有 15 所学校学生的综合基线进行描述。在学年开始前，对学生的基本数学和读写能力进行测试，对人口数据进行统计。

定性评估：基于对 15 所学校的家长、教师和工作人员的访谈和焦点小组的定性研究，使研究者对教育质量和学校教育服务的变化情况有深入的了解。

成本评估：确定东部省份每个学生每年受教育的真实成本。每个学生每年的费用是在调查每个学校从影响网络和当地教育部门获得费用的数额后确定的。

效果评估：在项目实施 18 个月后分别对学生的基本数学和读写能力进行测量。研究人员将这些测量值与基准测量值进行比较，以确定参与项目的学生的学习收益。然后将项目服务学校学生的成绩与该区域公立学校和社区学校的学生成绩进行比较。

为评估 eSchool360 项目是否达到了以低成本提供高质量教育的目标，效果评估主要涉及如下几个方面：（1）课程计划、信息课程的引入，以及教师的专业发展，是否提高了学生的数学能力和读写能力？（2）eSchool360 项目是提供高质量教育的一种经济有效的方式吗？（3）eSchool360 项目是否能改善学生、教师和家长对学校和教育质量的看法？

（三）实施效果

为更好地评估项目实施的效果，项目组收集了 1—2 年级学生数学和读写能力的表现数据，以及他们家庭的经济情况和地域等背景信息。前测的主要结果如下。

与公立学校学生相比，项目服务学校学生的家庭规模更大、更穷，家庭成员受教育程度也更低。这证明项目针对受教育程度很低的贫困家庭的策略是成功的。

项目服务学校学生的家庭与社区学校学生的家庭没有太大的不同。项目服务学校的学生和社区学校的学生面临着相似的生活条件和挑战。

项目服务学校的学生明显比公立学校和社区学校的学生年龄更小。这意味着项目对促进学生准时入学有积极影响，并最终对学生的表现产生积极影响。

项目服务学校和社区学校为那些入学时数学能力低于公立学校学生的儿童提供服务。在大多数情况下，学生基本的读写能力没有差异，因为识字率普遍较低。这些学生也没有进入附近公立学校的充分准备。

1. 定性评估结果

定性评估包括对校长和教师管理人员进行的一对一访谈，以及与 1 年级和 2 年级教师、随机选择的家长进行的焦点小组访谈。通过这些访谈，研究人员对教育质量和学校教育服务的变化以及学生和教师行为变化有了深入的了解。定性评估结果如下。

所有学校的家长似乎都非常重视教育，他们相信送孩子上学不仅能让孩子有一个更好的未来，而且还会使整个家庭和社区受益。然而，学生的家庭也受到几个因素的限制，包括严重贫困、恶劣的气候条件以及妨碍儿童上学的传统习俗。

评估结果证实，项目服务学校成功地实施了项目计划，虽然一些学校有过断电和电脑问题，少数教师不会使用相关技术，但总体而言，项目仍在正常运行。

家长们认为，eSchool 360 项目提高了学校的整体教育质量。他们在孩子身上观察到更大的动力和更好的表现。

在线教学计划似乎能提高项目服务学校学生的学习动机。

不同类型学校的学生的家庭参与学校活动的情况似乎是一样的，这表明在线教学干预促使家长教师协会参与，但参与比例并不比其他学校高。

项目改善了教师的整体工作条件，使他们更有动力去学校工作和从事教学。尽管他们的工资没有政府雇员高，但项目服务学校聘用的是未经培训的教师，工资相对较高，而且定期发放。项目使得学校的基础设施得到改善，有更多的学习材料可用，教师也通过培训和每周观察反馈得到充分的支持。小班教学条件进一步改善。

项目服务学校制定了严格的考勤政策，教师的出勤率高于公立学校和社区学校的教师。

总的来说，eSchool 360 项目产生了积极的成果，可以真正改变学生的学习方式。

2. 成本评估结果

成本评估试图确定东部省份每个学生每年受教育的真实成本。学校成本分为四种：人员成本、设施成本、设备和材料成本、客户输入成本（即学生及其家庭的成本）。不适用于公立学校和社区学校的其他成本被归为该项目的特殊成本（见表 3–3）。项目组在对每所学校进行调查并从项目服务学校和当地教育部门获得成本信息后，计算出每个学生每年的成本。成本评估的主要结果如下。

影响网络已经成功地创建了学校，使得每个学生每年受教育的成本约为公立学校的 26% 和社区学校的 29%。除了设备和材料成本，项目服务学校的每一类成本都比公立学校和社区学校低。

与公立学校和社区学校相比，项目服务学校的客户输入成本要低得多。平均而言，项目服务学校的家长每年为每个孩子支付的费用不到 1 美元，约为公立学校和社区学校家长支出费用的 2.5%、2.6%。

公立学校和社区学校学生教育的高成本是由于政府培训的教师的工资要高得多。

这表明，如果项目服务学校能够产生与公立学校类似的教育成果，那么它的成本会低得多，效率也会高得多。

表 3–3　按学校类型计算的每个学生受教育的成本

单位：美元

学校类型	人员成本	设施成本	设备和材料成本	客户输入成本	特殊成本
项目服务学校	23	4	5	1	4
公立学校	86	5	10	40	—
社区学校	79	5	5	38	—

3. 效果评估结果

项目实施 18 个月后的测试结果发现：在标准化的数学和读写能力测试中，项目服务学校学生成绩增长幅度为 3—37 个百分点，公立学校学生为 4—41 个百分点，社区学校学生为 1—35 个百分点。

项目服务学校的学生在标准化数学能力测试中表现出了进步。在大多数子量表测试中，项目服务学校的学生比公立学校和社区学校的学生表现更好。表 3–4 显示了不同学校学生数学能力测试得分增加的幅度。

表 3–4　18 个月后不同学校学生数学能力测试得分的增加幅度

单位：%

数学能力	项目服务学校学生	公立学校学生	社区学校学生
数学总分	25	21	19
口头计算	—	5	5
关系计算	15	11	9
数字识别	33	27	18
数量区分	32	23	28
模式完成	21	10	5
文字题	28	19	17
加法题	37	41	35
减法题	35	37	30

项目服务学校的学生在标准化的读写能力测试中表现出一定的进步。

然而，所有三种类型学校学生的整体文化水平相当低，读写能力测试所要求的技能对大多数学生来说太难了。表 3–5 显示了不同学校学生读写能力子量表测试得分增加的幅度。

表 3–5　18 个月后不同学校学生读写能力测试得分的增加幅度

单位：%

读写能力	项目服务学校学生	公立学校学生	社区学校学生
读写总分	7	8	6
字母发音知识	12	11	7
字词解码	4	4	1
口头阅读	3	5	1
听力理解	7	12	16

与项目服务学校相比，公立学校学生考试成绩每提高 1%，需要花费的成本要高出 2—10 倍。例如，将学生数学总分提高 1%，项目服务学校需要花费大约 3500 马克，而公立学校需要花费超过 3 万马克。

eSchool360 项目不仅促进了学生数学能力和读写能力的提高，而且比其他教育机构更具成本效益。

影响网络正在使用这一评估结果与赞比亚的决策者沟通协商。此外，影响网络还与美国研究协会建立了伙伴关系，以开发新的干预措施和强化现有的项目，然后在赞比亚全国范围内推广 eSchool360 项目。

（执笔人：杜宵丰）

案例四：如何让家庭帮助贫困学生更好成长

从幼儿园升入小学，意味着学习方式、内容、强度等各方面的变化，需要幼儿提前做好准备，积极主动适应。[①]基于生态理论的观点，家庭作为儿童早期成长的微环境，在培养儿童数学能力、读写能力等方面起着至关重要的作用。已有研究显示，良好的入学准备有助于儿童顺利实现幼小过渡，不充分的入学准备会使学生的成绩较差。[②]与此同时，相较于家庭条件优越的同龄人，来自弱势家庭的孩子入学时的必备技能或基础条件往往存在诸多不足。[③]高收入家庭更有可能为儿童提供丰富的刺激，而贫困会破坏家庭的社会功能，为儿童成长带来不幸。研究发现，家庭学习环境与儿童的全面发展息息相关，且早期的家庭学习环境对儿童发展产生重大的影响，"父母做什么比父母是谁更加重要"[④]。"为入学做好准备"（Getting Ready for School, GRS）项目为家长提供了一系列课程，旨在帮助家长在孩子入学时，为孩子提供必要的学习技能，使没有接受过正规学前教育的儿童成功过渡到小学。GRS 项目包括九个单元的活动课，每个单元可细分为十项具体活动，分别指向幼儿的读写能力和数学能力。自 2010 年以来，GRS 项目在全球得到广泛推广，其效果得到大家的认可。

（一）聚焦问题

入学准备最早由美国教育目标委员会（National Education Goals

---

① 翁琳，赵秀丽，马早明．家长幼儿入学准备观念的差异：基于中美日三国幼儿家长的实证比较 [J]. 教育学术月刊，2021（1）：57-63.

② Rouse C, Brooks-Gunn J, Mclanahan S. School readiness: closing racial and ethnic gaps[J]. The Future of Children, 2005（1）：5-13.

③ 宋爱芬，盖笑松，余咏梅．家庭社会经济地位对黎族儿童入学准备的影响 [J]. 海南师范大学学报（社会科学版），2015（9）：118-124.

④ 王友环．基于英国 EPPE 项目的农村贫困地区早期家庭学习环境创设研究 [J]. 当代教育理论与实践，2015（10）：28-30.

Panel）提出[①]，指学龄前儿童进入学校学习时所必需的认知、社交和情感技能的发展状况，入学准备可以为学生学业成功、身心健康和全面发展奠定基础[②]。不完全具备这些关键技能或条件的儿童被称为入学准备不足儿童。社会经济上的劣势往往会导致个体在认知和社会情感技能发展方面与同龄人存在较大差距，而这些技能是入学准备的基础。

入学时，贫困儿童在阅读和数学测试中的得分往往比平均分低 0.5 到 1 个标准差。此外，社会经济上的劣势会影响儿童的自我调节能力，使儿童难以控制冲动和调节情绪。研究表明，儿童认知和社会情感发展方面的差异在小学早期阶段没有得到改善。事实上，成就差距往往随着年龄的增长而增加，这对儿童未来的人生有着巨大的影响。高质量的学前教育项目可以在一定程度上缩小入学准备差距。

根据生态理论，父母在促进儿童入学准备方面发挥着特别重要的作用。[③]这一理论指出，近端过程是儿童发展的一个关键因素。近端过程被定义为儿童与其直接接触的环境中的人之间持久、复杂的相互作用。父母可能是对儿童产生最直接（因此也是最强大）的外部影响的人。基于该理论可知，一项对父母产生积极影响的干预可能会对儿童发展和入学准备发挥积极的作用。

读写能力是入学准备的一个关键部分，而儿童在学前阶段读写能力的差距往往会在小学阶段加大。针对这些技能的有效教学需要孩子的积极参与。例如，成年人积极地让孩子参与对话式阅读，对孩子的口语发展非常有利。在对话式阅读中，成年人提出问题并促使孩子成为讲故事

---

① Shore R. Ready schools: a report of the goal 1 ready schools resource group[R]. Washington, D.C.: National Education Goals Panel, 1998: 1.

② Davies S, Janus M, Duku E, et al. Using the early development instrument to examine cognitive and non-cognitive school readiness and elementary student achievement[J]. Early Childhood Research Quarterly, 2016, 35（2）: 63–75.

③ 朱湘茹，张华．家庭社会经济地位对儿童发展影响综述 [J]. 河南大学学报（社会科学版），2013（6）: 119–124.

的人。与读写能力一样，弱势儿童不太可能比优势儿童表现出更好的数学技能和知识。这种差距在学前班就可以表现出来。

GRS 项目最初是为那些没有机会进入幼儿园的中欧和东欧国家的孩子的家长设计的，其目标是教导家长为学龄前儿童创造更有效的家庭学习环境，通过支持家长进而提高学龄前儿童的读写能力和数学能力，这些是他们在学校中取得成功所需的基本能力。GRS 项目并不是要取代幼儿园或学前教育，而是为社区中大多数无法获得正式的早期教育的学龄前儿童提供一种低成本的备选方案，以支持学龄前儿童做好入学准备。

（二）解决方案

1. GRS 项目的结构

GRS 项目包括九个单元的活动课，有英语和西班牙语两种语言，通过每周一次的小组会议，由家长辅导师（parent facilitator）指导家长开展这些活动。简单地说，GRS 项目包含以下材料。

（1）家长活动指南。这个指南是一套书面的活动建议，家长可以和儿童一起使用。活动指南解释了如何使用儿童的材料，如何提供额外的读写和数学活动，并根据儿童的需要提出修改或丰富活动的建议。家长活动指南是用图片形式展示的，阅读文本只需要儿童具有最低的读写水平即可。

（2）儿童活动集。这是为儿童设计的九套读写和数学活动材料。每一套都包括图片、游戏和其他材料。这些材料被分发给儿童，同时还给儿童分发活动文本、蜡笔、剪刀和纸。

（3）辅导师指南。该指南提供了一套课程计划，家长辅导师可用于每周的家长工作坊。还有一套书面的活动建议，解释如何教家长使用儿童的材料。辅导师指南还根据儿童的需要提供修改或丰富活动的建议。最后，辅导师指南提供了收集家长对儿童活动集的体验报告的指导。

（4）家长辅导师培训材料。GRS 项目为每位参与培训的家长辅导师提供材料，指导他们如何有效地开展家长工作坊。工作坊内容包括对早期数学和读写能力发展的回顾，帮助家长辅导师解决家长可能提出的常见问题。

2. 家长工作坊

在每周两小时的家长工作坊中，家长辅导师与家长一起探讨有关材料。这些材料是开放的，可以帮助家长根据儿童的兴趣和能力设计活动。例如，为了鼓励儿童学习数学，材料展示了家长如何通过一些游戏来教儿童数字概念，比如边做饭边数数。同样地，为了教会儿童重要的读写技能，材料展示了家长如何教会儿童专注于常用单词的发音以及相应的字母。家长辅导师会根据儿童的发展水平，向家长提供在家长活动指南中强调过的有关使活动更容易或更具挑战性的建议。在每周一次的家长工作坊中，家长们也被鼓励分享他们的孩子与材料互动的故事，并讨论在家里使用材料时可能出现的问题。在家长工作坊中，家长们还会了解下一个活动会涉及的数学和识字活动，并探索如何使这些活动适应个人的学习风格。

3. 家长辅导师培训

在教导家长之前，项目组会针对家长辅导师开展一系列培训，以帮助家长辅导师做好准备。培训内容包括回顾儿童发展的基本概念，强调早期的数学和读写能力、家长的动手探索以及儿童的游戏和活动，练习相关技巧，帮助家长辅导师有效组织家长工作坊。

4. GRS 项目的内容

GRS 项目的每一个单元都包含大约十项活动，其中五项是关于读写能力的，五项是关于数学能力的。表 3–6 总结了九个单元中每个单元的学习内容。

表 3-6　GRS 项目的内容

	读写内容	数学内容
单元 1	学习自己名字中的字母、字母的发音，以及如何写自己的名字。了解单词由几个字母组成、字母的发音，知道单词从左边的字母开始，到右边的最后一个字母结束。学会识别熟悉的歌曲和诗歌中的单词。	理解数字代表一组对象；练习计数、排序和比较不同组数字间的特征。学习数数、书写、识别和表示数字 1 到 5。
单元 2	学习某些字母的发音。强调写单词时了解字母的发音。通过与儿童交谈，帮助他们理解文字。帮助儿童倾听并重复他 / 她名字开头字母的读音。	练习从 1 数到 10，并识别数字 1 到 10。将物体分类，练习观察、描述和区分物体的特征。
单元 3	倾听并讨论家庭故事。通过有趣的讨论，儿童会理解故事是如何发生的。	对一组对象进行排序，并学习如何比较最长与最短、最亮与最暗、更多与更少、最轻与最重。
单元 4	通过交谈让儿童学习如何通过提问来收集信息。利用信息编故事，与家人和朋友分享。	识别、创造和拓展模式。理解模式是一种顺序形式。根据对模式的理解来预测接下来会发生什么。
单元 5	练习把字母和发音联系起来。读出写好的单词。强调每个单词的开头、中间和结尾的字母的发音。	明白几何学是研究形状和空间关系的学科。通过寻找不同的形状并为其命名，为儿童提供将数学与现实世界联系起来的机会。
单元 6	理解我们读和写的缘由。例如，为了记住信息（列清单），为了交流信息（写一封信），为了了解新信息（读报纸）。	探索数字 1 到 20。理解数字 12 是 1 个 10 加 2 个 1，15 是 1 个 10 加 5 个 1。

续表

	读写内容	数学内容
单元 7	学习新单词，了解单词是如何组成完整的句子的。学会组织观点，让自己被理解。学习表达自己的想法和故事，也要理解他人的想法和故事。	把两组数字相加得到总数。在数学游戏中通过计数获得不同组对象对应的数字，并把每组数字相加获得总数。
单元 8	回忆事情，复述故事，说完整的句子。帮助孩子掌握学习阅读的先决条件。	练习依据一定规律从一组对象中增加和减少。
单元 9	复习前面 8 个单元学习的读写技能。思考和讨论如何识别和分析儿童关于幼儿园的问题。	复习前面 8 个单元学习的数学技能。观察儿童现在运用的方法与之前的不同之处。编一些数字谜语，让儿童思考从 1 到 20 的数字。

按照最初由怀特赫斯特（G. J. Whitehurst）和朗尼根（C. J. Lonigan）建立的模型，GRS 项目通过发展由外到内和由内到外的技能来实现识字目标。由外到内的技能代表儿童对语境的理解，包括语义和概念知识，涉及口语、叙述结构知识和叙述构建技能，以及书写习惯（如从左到右、从前到后）。由内到外的技能包括儿童将他们试图读懂的特定文字转化成声音的规则，涉及对字素、音素、音素 - 字素对应和书写的认识。由外到内的技能能促进口语和词汇的发展，而由内到外的技能能促进早期阅读技能的发展。按照单元列出的读写和数学目标见表 3–7。

在数学领域，GRS 项目遵循美国数学教师协会（National Council of Teachers of Mathematics, NCTM）提供的指导方针，让儿童学习以下领域的数学概念：数和运算、几何和空间感、测量、代数、数据分析。为了支持学生在上述领域的学习，教育者提出了五项重要的能力：解决问题、推理、沟通、联结和表达。通过发展这些能力，GRS 项目将目标定位在帮助儿童做好早期的数学准备，这与美国数学教师协会的数学目标紧密相连。

表 3-7　读写和数学的单元目标

	GRS 项目单元目标	单元
由外到内的技能	语言——语义和概念知识	1,2,3,4,5,6,7,8,9
	叙述——理解和产生叙述	1,2,3,4,5,6,7,8,9
	印刷惯例——了解标准的印刷格式	1,2,3,4,5,6,7,8,9
	阅读——模拟阅读	1,2,3,5,6,7,8,9
由内到外的技能	字母的知识——字母名称的知识	1,2,3,4,5,6,7,8,
	音素意识——音韵的检测、音节的处理、个别音素的处理	1,2,3,5,6,7,8
	语法意识——纠正语法错误	3
	音素 - 字素对应——字母 - 发音知识、假词解析	1,2,3,4,5,6,7,8
	书写——语言拼写	2,4,6,7,8,9
重要概念	数和运算	1,2,3,4,5,6,7,8,9
	几何和空间感	4,5,9
	测量	1,2,3,4,5,6,7,9
	代数	1,2,3,4,5,6,7,8,9
	数据分析	1,2,3,4,5,6,7,8,9

GRS 项目中的读写和数学活动引导家长将家庭与社区中的日常互动作为学习的工具。例如，数学活动包括使用熟悉的对象（如纽扣、洗衣房、炊具）来解决数学问题，学习数学如何与现实生活相联系，估计数字和大小，探索形状。识字活动包括通过歌曲和诗歌学习，编故事和讲故事，制作书籍和共同阅读，建立对词汇的直观感知，一起画画，一起谈论想法，探索日常生活中的声音与符号的关系。每个单元都建立在上一个单元的基础上，随着孩子从一个单元进阶到下一个单元，学习内容也会变得越来越复杂。

（三）实施效果

GRS 项目在美国少数启蒙计划（Head Start）中心的家长团体中实施。近年来，GRS 课程受到了许多美国人的关注，因为它被选为 96 个启蒙计划项目的培训项目，被纳入了加强社区扫盲伙伴关系和资源（Strengthening Partnerships and Resources in Communities for Literacy）计划。自 2010 年 5 月以来，美国有超过 600 个启蒙计划项目要求 GRS 项目提供材料和培训。随着材料的广泛传播，研究这种干预措施的潜在可行性和有效性变得至关重要。

从 2007 年到 2010 年，GRS 项目在 6 个国家进行了试点。严格的外部影响评估发现，参与该项目的年轻学习者的孩子的入学准备状况得到了明显改善。试点项目完成以后，包括塞拉利昂和巴基斯坦在内的一些国家和地区相继实施了 GRS 项目。

在我国农村贫困地区，由于经济不发达、家长受教育水平低以及教育资源匮乏等，农村贫困地区家庭早期学习环境创设意识淡薄。研究表明，在学龄前期教孩子入学必备的基础技能与孩子未来的学习、工作、生活状况高度相关。[①] 所以，在入学准备上，相比于城市家庭的儿童，农村家庭早期学习环境缺失，导致农村儿童在身体健康与运动、情绪和社会性、学习品质、语言、认知和一般知识等方面发展要落后很多。由此，借鉴 GRS 项目的成果，促进我国农村贫困地区家庭学习环境的创设，不失为改善农村幼儿教育的一条可行的道路。

（执笔人：杜宵丰）

① 王友环 . 基于英国 EPPE 项目的农村贫困地区早期家庭学习环境创设研究 [J]. 当代教育理论与实践，2015（10）：28–30.

第四章

教师教学与教育创新

教师承担着传播知识、传播思想、传播真理的历史使命，肩负着塑造灵魂、塑造生命、塑造人的时代重任，他们的一言一行、道德风气、专业品质直接影响学生的成长。本章收录的三个案例所体现的是教学层面创新的三种不同思路。案例一呈现了如何通过统一的培训、评估、支持和报告形成提升教师教学能力、改进教学质量的完整闭环；案例二则从个性化支持的角度，展示了通过研发自适应阅读能力评估工具、提供个性化训练、开展适应性教学，从而帮助儿童克服学习障碍；案例三介绍了如何通过组织开发完全免费的在线教育互动平台来实现高质量教学内容的共建共享。上述思路可为教师提升专业水平、履行使命提供借鉴。

案例一：如何运用智能设备提升学生的英语和数学能力

印度是一个多族群国家，其语言、社会团体、种姓和部落非常多样，同时社会上存在着大面积贫困、文盲和严重的地区间不均衡等现象，不平等是印度一个非常严重的社会问题。① 印度的教育洛伦茨曲线显示，近70% 的人口得不到任何教育，而 10% 的人口却享受了 60% 以上的教育资源 ②。联合国教科文组织强烈呼吁全面改善最易受到伤害和处境最不利儿童的教育。③ vChalk 项目的使命就在于帮助印度贫穷家庭的孩子掌握基本的英语和数学技能。该项目通过对教师进行培训，使其掌握基于学生实际水平的活动技能，从而有效开展小学英语和数学课堂教学。

（一）聚焦问题

在印度，月收入不足 300 美元的低收入家庭缺乏时间和精力来支持孩子掌握基本的学习技能，因此这些家庭只能把孩子送到自身负担得起的英语中等私立学校。低收入的城市和郊区家庭普遍存在一个问题，即教育的投资回报率非常低。

---

① 荣黎霞 . 发展中国家如何致力于更加公平的教育：以印度和南非为例 [J]. 比较教育研究，2007（2）：1–5, 92.

② 高艳贺，黄志成 . 发展中国家教育发展模式：关注教育平等 [J]. 全球教育展望，2007（2）：86–92.

③ UNESCO. Strong foundations: early childhood care and education[R]. Paris: UNESCO Publishing, 2006: i.

在发展中国家，每 10 个儿童中就有 4 个在经历了 4 年的学校教育后无法获得必备的基础知识。造成这一问题的原因很多，比如：

（1）儿童是第一代学习者或第一代英语学习者。

（2）父母缺乏足够的时间和知识来提供支持。

（3）儿童要么不能充分利用幼儿园的资源，要么不上幼儿园。

（4）政府没有根据这些儿童的特点来调整教育教学和课程。

（5）学校缺乏系统的评价体系来识别哪些儿童落后了，以及他们已经掌握了哪些技能。

（6）学费较低，儿童的学习主要集中在完成家庭作业上。

vChalk 项目面向低成本的、培养儿童英语学习能力的私立学校或组织提供服务，服务主要采用培训 – 评估 – 支持 – 报告的模式（见表 4-1）。培训是指培训教师，使其达到适当的教学水平；评估是指评估 2—5 年级学生的技能水平；支持是指支持基于活动的课堂计划；报告是指向父母报告其子女学习进展。vChalk 项目旨在培训小学教师，使其掌握因材施教教学法（Teaching-at-the-Right-Level, TaRL），帮助教师诊断出 2—5 年级不能阅读英语故事和不会做基本减法的儿童，定期评估儿童在基于活动的课堂中所获得的进步，为组织课堂活动的教师提供技术支持，并报告低收入家庭儿童的进步程度。

表 4-1　培训 – 评估 – 支持 – 报告的服务模式

培训	评估	支持	报告
① 4 天的现场活动； ②解释基于真实水平的教学过程； ③安排练习类课程	①一对一标准化测试； ②通过专业的移动应用程序 Ezy 进行输入；	①便携式服务器 vChalkBox，不需要连网； ②每天 1 节英语课、1 节数学课，由	①每个学生的自动化技能报告卡； ②直观、简单易懂； ③注重让家长了解

续表

培训	评估	支持	报告
	③教师组织的基线性评估； ④每两个月进行一次进度测试，年终测试是外部评估	训练有素的教师讲授； ③为班上每组学生准备每周的活动包； ④准备课堂学习材料； ⑤导师每周来访	孩子的技能进步情况； ④定期报告，每两个月一次

（二）解决方案

为了使教师能够在不依赖互联网的情况下有效规划课堂，vChalk 项目将一种便携式服务器（即 vChalkBox）引入学校。教师可以通过一款离线移动应用程序（即 Ezy）连接到服务器上，并访问服务器上高质量的教学内容。这些内容描述了他们当天需要开展的集体活动以及每组学生互动合作的活动。vChalk 项目可与具体学校对接，服务时间为一学年 3 个月到 8 个月。在这段时间里，教师每天上 1—2 节采用因材施教教学法的课程。采用因材施教教学法的课程分为课前、课程开始、课程活动和总结概括四个阶段。

在课前，教师需要做好课堂准备：（1）将智能手机连接到 vChalkBox 上；（2）打开 Ezy 应用程序；（3）阅读针对每个水平的活动描述，准备各项活动所需的材料（见图 4-1）。在课程开始阶段（1—10 分钟），教师需要组织全班学生开展活动：（1）要求学生围成一个圈；（2）吟唱班歌并强调班规；（3）给每一个学生提供学习材料；（4）指导所有学生做好准备。

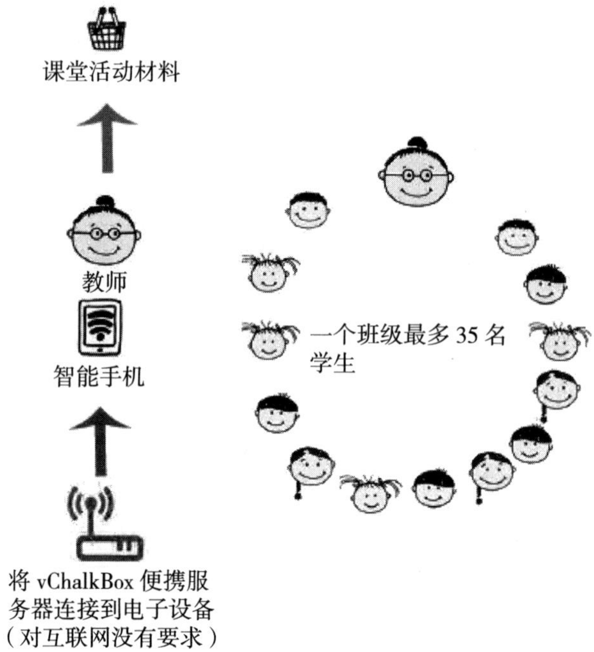

图 4-1　教师课前准备流程示意图

在课程活动阶段（10—40 分钟）有两项活动——群体活动 1 和群体活动 2。群体活动 1 是英语学习，英语技能水平划分为字母水平（如：z、t、e、o、w）、单词水平（如：day、old、few）、句子水平（如：The bus has four wheels）、故事水平（如:Story of Seema）；群体活动 2 是数学学习，数学技能水平划分为新手水平（如：7-5）、水平 1（如：7-5）、水平 2（如：51-32）、水平 3（如：501-132）、水平 4（如：3456+5327、5325-2546、5432 × 3420、4567 ÷ 66）。

教师需要：做好考勤记录并分好不同水平的小组（使用智能手机上的 Ezy，按照分好的小组进行点名并记录缺席学生，要求各组学生准备开展各自的活动）。将群体活动 1 和群体活动 2 分别分配给各小组（给各小组解释如何开展群体活动 1，如果需要的话可以示例；允许各小组开展 15 分钟的活动；各小组完成群体活动 1 后，需要说明他们学到了什么）。

促进学生保持一个较高的课程参与度（使用吸引学生注意力的工具，强化学生的积极行为）。

需要注意的是，在一般情况下，每个组包含 5 名学生（见图 4–2），如果某个水平上的学生人数较多，可以将该水平的学生分成更多的小组。此外，一些学生需要额外的时间，这时教师可以给这些学生安排特殊的个体活动，但要确保参与个体活动的学生并没有被排除在群体活动之外，因为小组中的其他学生可以给他们提供帮助。

图 4–2　小组活动示意图

在总结概括阶段（40 分钟之后），教师可以要求学生围成一个圈，让学生参与到愉快的拍手活动和其他总结活动当中。

vChalk 项目团队于 2015 年 8 月开始免费对班加罗尔 11 所学校的 1068 名学生进行基础英语和数学技能测试，以研究低成本学校学生的学习需求。从 2015 年 12 月到 2016 年 3 月，项目团队在班加罗尔开展了一项试点研究，选择了 3 所学校的 71 名学生，每天在放学后进行 1.5 小时的学习，结果发现他们取得了明显的进步，尤其是在数学方面。

在项目实施的第一阶段（2016—2017 年），尤其是在 2016 年 8 月以前，项目团队在小学开展免费测试（1829 名学生参与测试），并向 3 所学校的19名小学教师培训了因材施教教学法，针对3所学校2年级和5年级的292名学生开展研究工作。这一阶段的目标是评估教师在常规课堂中使用因材施教教学法所能达到的效果。

目前，vChalk项目团队已经深入到各低成本私立学校。为了在第一阶段和第二阶段（2017—2018年）实现为1万名学生提供服务的目标，vChalk项目团队深化与学校联盟和非政府组织的合作，这些组织致力于在卡纳塔克邦和特伦加纳邦的大城市与小城镇中的学校开展工作。第二阶段的目标是加强项目的可复制性，并改进数据收集和随机对照实验过程，衡量项目对学生学习的影响。vChalk项目团队一旦将一种极具影响力、可复制、可持续的模式标准化，就会进一步谋求采用特许经营的模式向其他地区进行推广。

vChalk项目的结构如下：

I 与教师相关的流程

I.1 每周采用因材施教教学法上课。

I.2 vChalkBox通过Ezy应用程序或浏览器与教师的智能手机实现互通。

2.a 登录。

2.b 每天观察学习活动。

2.c 测试学生所需的基本时间。

I.3 教师备课（与技术交互）的平均估计时间。

I.4 课堂观察指标。

4.a 在课堂上将学生按技能水平分组的准确性得分。

4.b 作为学习促进者的参与程度得分。

4.c 课堂文化得分。

II 与学生相关的流程。

II.1 因材施教教学法课程的出勤率。

II.2 学习成果

2.a 基线评估 – 分组（由班主任组织）。

2.b 进展性评估（每 2 个月由 vChalk 项目测试人员进行一次）。

2.c 终结性评估（项目 / 年度结束，由 vChalk 项目测试人员进行）。

2.d 成绩比较（开始与结束时的成绩比较）。

II.3 课程效能（课堂活动由班主任评定）。

3.a 感知到的学生参与活动的水平得分。

3.b 感知到的学生进步幅度的得分。

教师使用自己的智能手机和 Ezy 应用程序，记录其运用因材施教教学法上课的情况，记录每个学生的基线评估数据，备课（阅读课堂小组活动的相关材料），根据学生的参与水平评估活动（如果基于因材施教教学法的课程在放学后实施，还需要记录学生的出勤情况）。这些数据是在学校的 vChalkBox 中收集的。为了将数据从 vChalkBox 传输到中心团队，数据盒子每周连接一次互联网（由学校管理员执行）。这些数据被用来了解每个学生在项目开始时的技能水平，每个年级参加使用因材施教教学法课程的学生数量，他们完成的活动和产生的效果——这些是评估课程变革和学生进步的关键指标。

（三）实施效果

在 vChalk 项目中，所有完成项目的学生都至少获得了一项新技能，例如，从会做一位数的加减法到会做两位数的加减法。从参与项目的学生的家庭背景来看，70% 的学生父母可能是裁缝、街头小贩、服装厂工人等。此外，与 vChalk 项目开展合作的所有学校每年收费均不超过 350 美元。

vChalk 项目致力于支持学生通过两个阶段的学习发展基本技能，并在每个阶段使用相应指标来衡量项目对学生学习的影响。结果发现：在第一阶段（合作第一年），所有的学生都能阅读和理解一个简单的英语故事，并能做基本的数字运算；在第二阶段，所有的学生都达到了他们应该达到的水平。

（执笔人：杜宵丰）

案例二：如何通过有效干预提高儿童阅读熟练度

阅读能力几乎是一切学科学习的基础，阅读能力差、阅读效率低会严重影响学生的学习成绩和学习自信心。近年来，我国社会各界对儿童的阅读越来越重视，中高考更是加大了对阅读能力的考察。

12 岁之前是儿童阅读能力形成的重要阶段，在这个阶段对学生进行读写能力的训练是最为有效的。“阅读加”（Reading Plus）是一个基于阅读能力评估来提升学生阅读熟练度和阅读理解能力的个性化、自适应的学习和训练系统，是教师教学的便利、科学的工具。本案例将对这一系统的理论基础、具体内容和实施效果做重点介绍，希望给我国相关领域的研究者和教育实践者带来一点启发。

（一）聚焦问题

在不能熟练阅读的学生当中，70% 的学生都存在阅读效率低下的问题，他们很难以正常的速度阅读。这些学生经常被错误地评估为在基本技能和理解能力方面存在问题。实际上，他们真正的障碍是阅读效率低下。这些效率低下的阅读者往往得不到正确的指导，因此他们在阅读上的困难长期得不到解决。

“阅读加”系统不仅能评估阅读效率，还能测量和提高阅读动机水平与理解力。学生可以选择和控制自己的节奏，用一种真正有意义的、适合自己的方式进行练习。

（二）解决方案

1. 项目的理论依据

阅读效率是阅读能力的重要组成部分。一个高效的阅读过程是流畅且令人感觉轻松而舒适的。高效的阅读者可以阅读很长时间，并有很好的理解力，因为他们在阅读心理机制上花费很少，心理资源集中于从文本中建构意义。

那些阅读效率低、费劲且无成效的学生通常会尽可能避免阅读，并且可能缺乏思考文本的动机，这使得他们更难以成为有效的阅读者和学习者。

阅读涉及多个生理和认知过程。首先，阅读者的眼睛必须以协调有序的方式在文字上移动，以识别单词和短语。接下来，阅读者需要理解词汇、建构意义。

一个高效的阅读者的视觉和知觉是有效的，这使阅读者能够集中注意力在建构意义上。相反，一个低效的阅读者，他们的文字视觉搜索是笨拙和费力的，注意力常常从信息处理和理解的关键步骤上转移开。

大多数学生都有解码单个单词的能力。然而，许多学生很难从解码单个单词过渡到成功阅读连续的文本。如果学生尚未发展出必要的视觉、知觉和认知能力，就会遇到这种困难。以下总结了一些关键的视觉和知觉能力，这些能力可以促进有效的独立默读。

（1）知觉广度与单词识别。

知觉广度是学生在一次眼睛注视过程中可以感知和处理的字母数。不熟练阅读者和大多数低效阅读者的感知广度小于高效阅读者。高效阅读者能够在不做多次停顿的情况下感知数量更多的单词，这有助于单词识别的自动化，并为更有效的文本导航铺平了道路。

（2）文本导航。

高效的阅读者能够将自己的注视位置保持在一行文字内，将眼睛从一个单词按顺序移动到下一个单词，并从一行文字的末尾转到下一行文字的开头，而不必做过多的眼动。阅读教学通常强调解码和理解策略，但没有考虑到有效的文本导航技巧。因此，许多学生不能通过快速浏览获得文本的意义。

低效阅读属于学习障碍，这是一种隐蔽的障碍。大多数低效阅读者没有掌握阅读的机制。他们通常读得比说得慢，他们的大部分精力花在阅读的基本技能（如单词解码）上，而不是用在理解他们所读文本的意义上。这些学生的眼动行为表明，他们的知觉广度较小，不能快速识别单词，而且文本导航很费劲。这些学生会使用一些策略来弥补阅读效率低下的问题，但使用这些策略往往需要耗费大量的时间。

2. 主要内容

"阅读加"系统包括四个部分：一是自适应阅读能力评估工具；二是个性化练习；三是适应性教学；四是教师主导的教学。

（1）自适应阅读能力评估工具。

"阅读加"的自适应评估工具 InSight 是一个有效和可靠的评估工具，它是在阅读和评估研究人员的指导下开发出来的。不同于一般的理解力或词汇测量方法，InSight 评估的是基于理解的默读速度（效率）和阅读动机。这些经常被忽视的阅读维度会影响到学生持续获得学术成就的能力和将阅读作为工具进行终身学习的能力。

因此，这个工具会把学生在综合理解水平、词汇水平和基于理解的默读速度三个维度上的综合得分作为衡量学生阅读熟练程度的指标。丰富的数据不仅能让教师深入了解学生的需求，也能让学生遵循自己的个性化阅读路径，达到熟练阅读的程度。这些数据还能被转换成各种各样的报告，为教师提供有针对性的教学所需的信息。

- 筛选报告：筛选报告是指为教师提供的关于学生水平的报告；
- 分级报告：分级报告提供学生需要的每周课时数，并根据学生的分级水平设计个性化的学习路径；

• 基准报告：基准报告能帮助教师监控每个学生的进度。

“阅读加”的自适应评估工具为教育者提供了有关每个学生阅读能力的全面评估数据。它为个性化教学提供了一个数据驱动的起点，从而帮助每个学生成为独立的阅读者。

筛选/诊断概况

InSight 根据教学需要对学生进行分组，以确定：

• 哪些学生需要发展理解力、词汇量和（或）提高默读速度；

• 哪些学生是熟练阅读者，他们将提升阅读愈加复杂的文本的能力；

• 哪些学生可能需要进行诊断性评估，以确定他们是否具备“阅读加”系统所需的基本技能。

时间分配和作业建议

InSight 的初始管理决定了每个学生的个性化教学路径，包括：

• 最适合使用什么样的训练软件（如 See Reader、Read Aloud、iBalance）；

• 初始水平；

• 每周作业建议。

进度基准

最初的 InSight 管理是指测量出学生基准水平，而随后的管理（期中和期末）则衡量以下方面的变化：

• 理解和词汇水平；

• 基于理解的默读速度。

学生动机评估

研究表明，学生的态度在学习中起着重要的作用。在这项评估中，学生会先做一份阅读问卷，这份问卷有助于了解他们对阅读的态度。

默读速度的评估

默读速度评估是美国国家和各州阅读能力评估的一个重要组成部分。虽然默读速度是最常被评估的，但在教学中却是最容易被忽略的。“阅读加”不仅包含了默读速度的评估，还包括促进默读速度的行之有效的教学和实践活动。

（2）个性化练习。

“阅读加”开发了行之有效的教学和实践活动，以培养学生提高阅读效率所必需的视觉技能。

利用引导窗口（Guided Window™），学生可以提高阅读效率。引导窗口根据学生当前的阅读速度移动，以及学生在理解问题方面的表现进行调整。这项专利技术使学生以适当的速度进行高效、独立的阅读。引导窗口为默读搭建支架，从而释放出理解（阅读的最终目标）所需的认知资源，即理解所需的精神能量，使阅读变得更轻松。

逐步释放

随着学生阅读效率提高，“阅读加”会将文本转换成传统的阅读格式让学生阅读。根据每个学生的阅读速度，逐步拆除文本支架，帮助学生保持注意力，在真实的阅读活动中提高阅读效率。

强化视觉感知训练

“阅读加”视觉技能训练部分叫作 iBalance。iBalance 使用类似游戏的界面来训练眼睛，以更高效、更准确地阅读。扫视是一种帮助学生增强视觉感知能力的行为。在扫视过程中，学生将完成有助于眼睛快速从左向右移动的活动。

闪卡（flash，见图 4-3）是 iBalance 中的一种活动。在闪卡活动中，学生将学习轻松识别和记忆故事、文章中经常出现的字母组合。

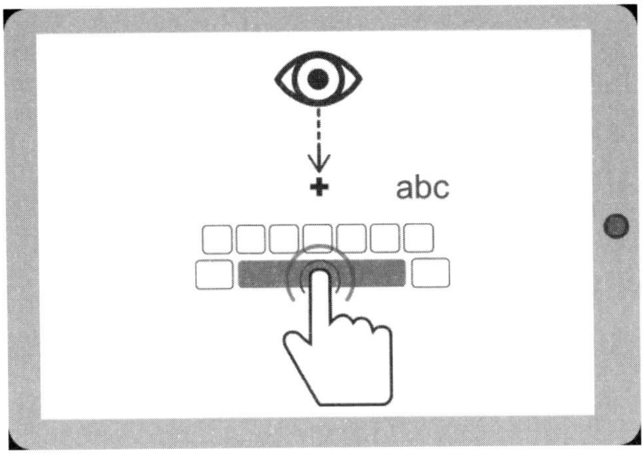

图 4-3　闪卡示意图

学生自主：选择、控制和责任

为了照顾学生的个体差异，“阅读加”允许学生选择自己想读的内容。学生可以探索并选择能够激发他们兴趣并带来成就感的文本，逐渐建立起自己个性化的阅读书单。

（3）适应性教学。

确保有效差异化

“阅读加”的适应性教学是指不断收集学生表现方面的数据，以便为每个学生制定更具个性化的教学方案。“阅读加”会为遇到困难的学生提供教学支架，增加教学深度，帮助他们发展独立性。当学生达到应达到的水平后，“阅读加”就会增加教学难度，让学生进行更高水平的练习。

精确性

“阅读加”会根据学生的起始水平和持续的表现来为每个学生设定目标和阶段性的进步指标。这种个性化设计有助于学生按照自己的步骤逐步提高阅读水平。当学生达到一个水平之后，就进入下一个级别的学习，学生将接受更精确的教学，练习的难度也进一步提高。

调整速度、深度和脚手架

当学生出现困难时，“阅读加”会及时调整教学和练习安排，以更好地帮助他们完成学习目标。

词汇教学深度

“阅读加”使用自主研发的、基于研究成果的基本学术词汇表。词汇表包含 2400 个单词，这 2400 个单词包含了最常用的词素，掌握这些词汇有助于学生学习课程和教材中常出现的 10000 个高频学术词汇。

如果学生不能立即识别一个单词，“阅读加”会为他提供上下文，并提供单词的各种形态及范例，帮助他识别词义。

为独立阅读提供支架

为了帮助学生提高阅读效率，“阅读加”会评估学生的阅读效率和理解能力，以决定如何呈现文本。有证据表明，阅读水平较低的学生通过分阶段的学习会不断取得进步。读完一部分内容后，学生被要求反思所读内容或预测文本接下来会写些什么。当学生能够持久阅读并具有良好的理解力时，这些支架会被逐渐移除。

促进学生掌握理解技能

“阅读加”涵盖了 20 种阅读分技能的训练，确保学生能够以深入的和有意义的方式理解文本。这些分技能完全符合美国国家和各州规定的信息和文学类文本阅读的要求。

学生在理解方面的表现决定了“阅读加”将如何调整以适应学生的水平。“阅读加”为学生和教师提供的教学资源可以支持有针对性的练习和教学。

（4）教师主导的教学。

技术对个性化学习起着重要作用，而教师在保证学习成功方面起着重要作用。“阅读加”使得教师可以帮助学生逐步成为熟练的阅读者。

数据驱动教学

教师可以通过教师端阅读学生分析报告和课堂准备报告，这些报告为教学计划提供信息，并帮助教师快速监控学生的表现。课堂阅读技能报告可以把学生按照分技能进行分组，并为他们匹配线下的理解技能练习题，为教师开展补救教学提供参考。

直接教学与差异化教学

“阅读加”提供教学所需的各种材料，并针对课堂、小组和个人提供直接教学和差异化教学。“阅读加”会根据学生的表现自动给他们推荐课程内容，并且可以以多种方式灵活地授课。动画在线课程是为教师主导的教学而设计的，遵循“逐步释放”模式，包括基础课程和中级课程，帮助学生练习 20 多种批判性阅读技能。

大量的技能活动

为学生提供可打印的材料以加强和拓展学习。这些材料可以用于课堂教学或家庭作业，以提高学生阅读的独立性、自动化程度和表达能力。

综合性写作

“阅读加”提供两种精心设计的拓展写作形式。

- 精读。精读确保学生成为细心的读者，如能使他们仔细阅读文本，准确引用文本证据，并反思文本的含义，等等。
- 写作技巧训练。这有助于强化学生对分技能的理解。

（三）实施效果

2015 年，《每一个学生成功法案》（Every Student Succeeds Act, ESSA）[①]发布，该法案成为美国基础教育领域的一项重要法案，法案中的条款对教育具有革命性影响，因为法案提倡把联邦资金用在富有成效的项目上。

2019 年 ESSA 的研究团队对“阅读加”进行了研究。在一项随机对照实验中，研究者对美国东北部城市学校 426 名 4 年级和 5 年级学生的

① 2015 年 12 月 10 日，美国总统奥巴马在白宫签署了《每一个学生成功法案》。在签署仪式上，奥巴马发表演讲，称教育系统迫切需要修复。奥巴马说，这一法令的前身《不让一个孩子掉队法案》在促进美国教育事业发展方面有其成就和功绩，但是其“高标准、问责制”的目标在实践中难以实现。而新法令减少了对标准化考试和统一任务的依赖，确保美国的教育系统让每一个孩子在高中毕业时已经为升学或就业做好准备。

阅读能力发展情况进行了评估，发现使用“阅读加”的学生在阅读能力方面比接受其他类型阅读教学的对照组学生有明显提高，“阅读加”符合ESSA以证据为基础的教育项目的标准。

约翰·霍普金斯大学教育研究与改革中心也发现，有“强有力的证据”表明“阅读加”是符合ESSA标准的教育项目，“阅读加”被证明可以改善学习效果，显著提高3—12年级学生的阅读成绩。这已经在许多地区的学校中得到验证。“阅读加”致力于继续开发基于证据的和有效的创新干预措施。

（执笔人：康翠萍）

案例三：如何通过智能学习设计实现高质量教学的共享

教育公平影响着千千万万普通家庭。长期以来，教育公平一直是世界各国共同的追求。目前，世界上还有一些欠发达国家严重缺乏教育资源。例如，肯尼亚教育部的一项研究显示，肯尼亚平均17名儿童共享一本教科书。①由于严重缺乏教育资源，欠发达地区的儿童失学率比较高。根据联合国教科文组织统计研究所的统计，全球有6300万名12—15岁儿童没有上学。②

全面解决教育公平问题，不仅要解决基本的有学上问题，更要从根本上解决人人能够公平享有教育资源的问题。由于通过传统教学途径，例如课堂上师生面对面的教学，难以彻底解决欠发达地区的教育困境，需要探索新的途径解决教育资源共享的现实问题。随着教育信息技术的发展，优质教育资源得以通过远程技术快速辐射到边远山区，但是许多

---

① Glewwe P, Kremer M, Moulin S. Many children left behind? textbooks and test scores in Kenya[R/OL]. [2021-03-21].https://www.nber.org/system/files/working_papers/w13300/w13300.pdf.

② 最新报告：全球有6300万12岁至15岁青少年失学[EB/OL]. [2021-02-25].https://www.chinanews.com/gj/2015/01-20/6984533.shtml.

远程课程资源往往脱离山区孩子的生活实际。所以，实施数字化学习，通过改进教学方式，给最需要教学资源的孩子提供高质量的数字教育产品，为每一个孩子提供高质量的互动学习机会，是欠发达地区教育创新的一项重要内容。目前，一些国外教育创新机构开发了面向特定贫困地区的远程教育资源。本节将介绍智能学习项目 a-ACADEMY——一个专门为欠发达地区提供高质量教育共享资源的教育创新项目。

（一）聚焦问题

世界各地教育发展总体不均衡。在经济欠发达地区，由于教育投入不足，教育发展长期滞后。在非洲，由于教师短缺、缺勤、流失率高或缺乏学习资料等多重因素，许多儿童仍无法接受良好的教育。研究表明，非洲只有 1/3 的儿童能够接受有质量保障的基础教育。

肯尼亚位于非洲东部，其国土面积为 58 万平方千米，略大于我国四川省的面积。人口为 5140 万（2018 年数据），略多于我国广西壮族自治区的人口。2018 年人均 GDP 为 1711 美元，大约是我国 2018 年人均 GDP 的 1/6。肯尼亚从 2003 年 1 月起实行 8 年免费初等教育，其教育分为正规教育和非正规教育两类。正规教育实行小学、中学、大学“8–4–4”学制。非正规教育包括成人教育和扫盲活动。2011 年，肯尼亚小学、中学数量分别为 28567 所、7297 所，小学、中学入学人数分别为 986 万人、177 万人。中小学师生比分别为 1∶31 和 1∶57。大学在校生有 19.8 万人。2006 年成人识字率为 84.3%。[①] 肯尼亚人民虽然普遍识字（大约 90%的成年男性和 80%的成年女性能够读写），掌握基础知识，但更高水平的教育并不普及。平均而言，儿童上学时间只有 9—10 年，并且教育差距非常大。

---

① 中华人民共和国外交部 . 肯尼亚国家概况 [EB/OL]. [2021-03-10]. http://cs.mfa.gov.cn/zggmcg/ljmdd/fz_648564/kny_650179/gqjj_650187/t9431.shtml.

近些年，肯尼亚努力实现教育平等，重视学生生活技能的培养，鼓励社会力量积极参与教育活动。①肯尼亚政府逐渐意识到，必须用先进的科学技术给儿童带来更优质的教育，因此开始投资配备计算机等硬件设备，大力发展在线教育。但是，在线教育不仅需要计算机等硬件设备，而且需要高质量的数字教育资源作为支撑。所以，肯尼亚政府亟须有教育创新能力的国际第三方组织来创建智能学习项目，以解其国内在线教育资源匮乏的燃眉之急。

为了不断缩小世界各国教育发展的差距，国际上一些教育基金会会为欠发达国家提供教育项目或资源，例如肯尼亚阿瓦莱恩（Avallain）基金会为肯尼亚贫民窟的学校免费提供智能学习项目。②该项目的愿景在于让贫困和弱势群体获得高质量的数字教育，并使他们为在未来的数字社会生存和发展做好准备，以增加完成学业后找到高待遇工作的机会。正如阿瓦莱恩基金会执行董事鲁伊斯（M. Ruiz）所说："我们设计智能学习项目 a-ACADEMY 的初衷是为最需要它的孩子提供高质量的数字学习机会。我们了解数字学习在肯尼亚的重要性，因此我们需要创造一种能够填补空白并且具有优秀品质的产品……，我们从不希望在教育产品的质量上有所妥协。"③

（二）解决方案

1. 项目概述

a-ACADEMY 智能学习项目是由阿瓦莱恩基金会开发的一个旨在让非洲欠发达地区儿童的学习变得更有趣、更有效的项目，它包含一个完全免费的在线教育互动平台。肯尼亚是该项目的一个主要参与国。该项目

① 张斌，邹春凤，王者鹤．肯尼亚教育发展概况 [J]. 世界教育信息，2007（9）：53-55.

② Our story [EB/OL]. [2021-03-10]. https://avallainfoundation.org/who-we-are/.

③ Acapela Group. Digital education can change lives: Avallain Africa uses Acapela voices to give each child a chance [EB/OL]. [2021-03-10]. https://www.prnewswire.com/news-releases/digital-education-can-change-lives-avallain-africa-uses-acapela-voices-to-give-each-child-a-chance-594393361.html.

的教育内容是由非洲教育工作者、国际课程编辑和教学设计师密切合作、共同开发的。智能学习项目与肯尼亚“8–4–4”的学制保持一致，该项目已由肯尼亚教育主管部门批准并顺利实施。

2. 项目内容

具体而言，智能学习项目包含一个专为儿童设计的教育教学数字平台，上面包含插图、视频和音频等多种不同的教育资源。智能学习项目的用户界面在设计时考虑了儿童的体验：易于交互且便于导航。平台上的交互式数字内容分为科目、课程和单元三个层次，儿童通过有趣的学习活动进行学习，如通过勾选正确答案、填字游戏、回答有关视频和音频中的问题等实现学习目标。智能学习项目还设有“学期评估”部分，其中包含超过 25 项带有考试性质的活动，以帮助学生为考试做准备。智能学习项目可以在计算机、智能板和平板电脑上运行，由于对系统要求低，该项目可以在资源有限和基础设施发展滞后的区域使用。智能学习项目既可在线使用，也可离线使用，主要有以下特征。

（1）精选本土真实生活情境开发项目。

智能学习项目充分考虑并尊重经济欠发达地区的社会生活生态，精选学生熟悉的真实生活情境来开发项目。无论是人文社科类课程，还是数学、物理、化学等理工科类课程，在开发过程中都加入了当地的元素，进行了课程本土化。例如，英语课程中大量使用本地的插图、案例，这种本土化处理使学生在学习课程的过程中置身于熟悉的本土情境。

（2）美观精致的用户界面。

该项目设计了精美的用户界面，并通过有趣的互动学习活动进行授课。如图 4–4 所示，界面中的两个人物阿尔玛西（Almasi）和小机灵（Zuhura）是智能学习项目中令人着迷的数字学习世界中的两个主要角色，它们的作用是自然友好地引导用户完成交互式课程。阿尔玛西和小机灵能够有效激发儿童的学习兴趣，拉近儿童与在线数字课程的距离。

图 4-4　智能学习项目的界面

（3）完整的课程学习过程。

整个课程包含主题、单元等部分。图 4-5 展示了英语课程学习资源，包含主页（home）、介绍（introduction）、单元（units）和学期评估（term assessment）等。如图所示，该课程有 16 个单元，第一单元有 5 节课，分别是口语练习（oral work）、词汇（vocabulary）、阅读和理解（reading and comprehension）、写作和语法（writing and grammar）、图书馆（library）。图 4-6 展示了科学课程学习资源，同样包含主页、介绍、单元和学期评估等。科学课程一个学期包含 11 个单元，每个单元的课时不一样，一般为 4 节课。例如，第三单元的主题是植物的生长（growth in plants），这一单元有 4 节课，分别是花的各部分（parts of a flower）、授粉和受精（pollination and fertilization）、种子的各部分（parts of a seed）、发芽（germination）。

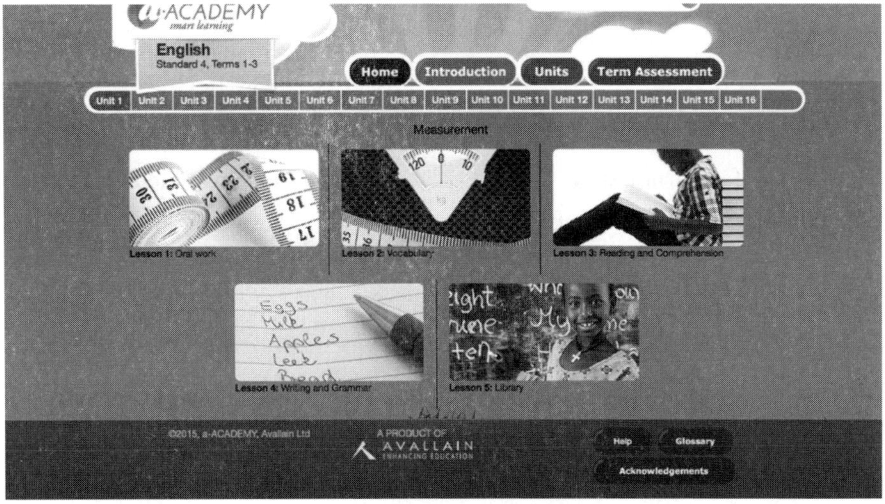

图 4–5　智能学习项目的英语课程

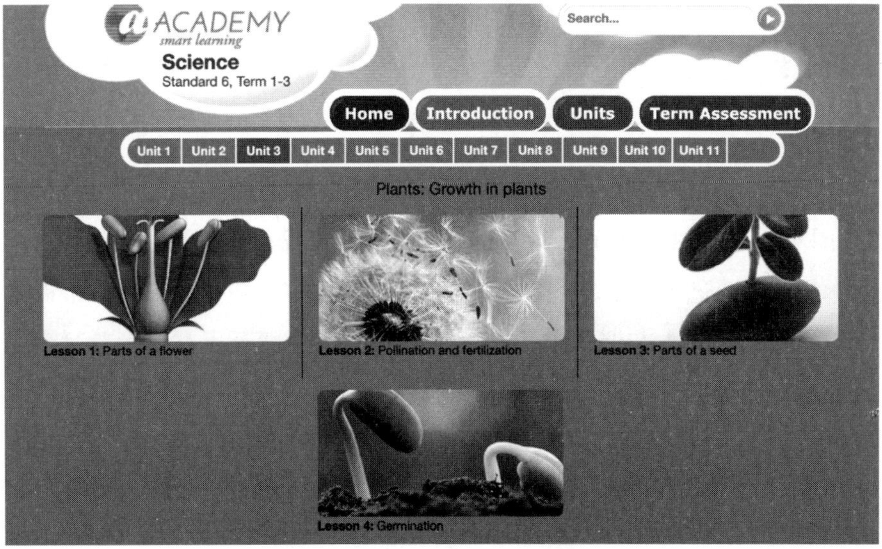

图 4–6　智能学习项目的科学课程

下面通过科学课程第三单元第四课“发芽”来展示每一节课的教学过程。本节课的目录如图 4–7 所示，本节课一共有四个部分：发芽的教学目标（germination）、发芽的过程（germination process）、发芽的条件（conditions for germination）、拓展学习（germination-extended learning），学生点击每一条目进入本节课的具体学习内容。

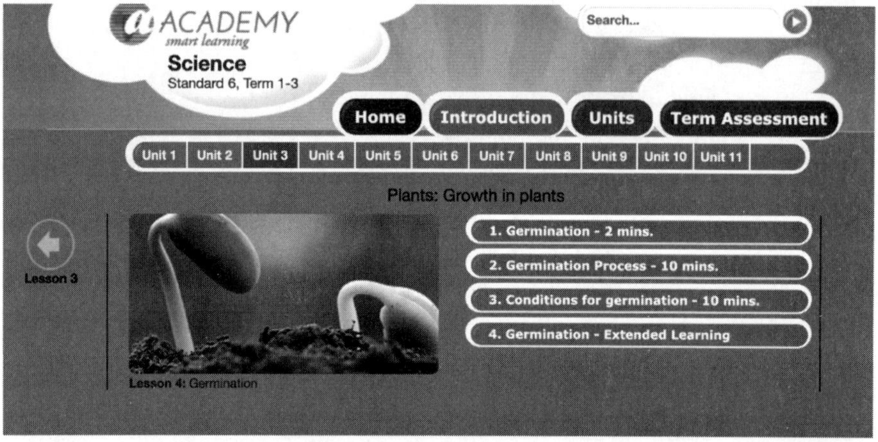

图 4–7　科学课程第三单元第四课“发芽”的目录

首先，通过播放 2 分钟的视频，介绍本节课的教学目标和大纲要求（见图 4–8）。例如，本节课的教学目标是“研究发芽所需要的条件”。

然后，通过 10 分钟的教学引出本节课的内容，包括复习上一节课的内容，展示有关本节课内容的教学动画。图 4–9 展示了有关发芽过程的教学动画和文字介绍。

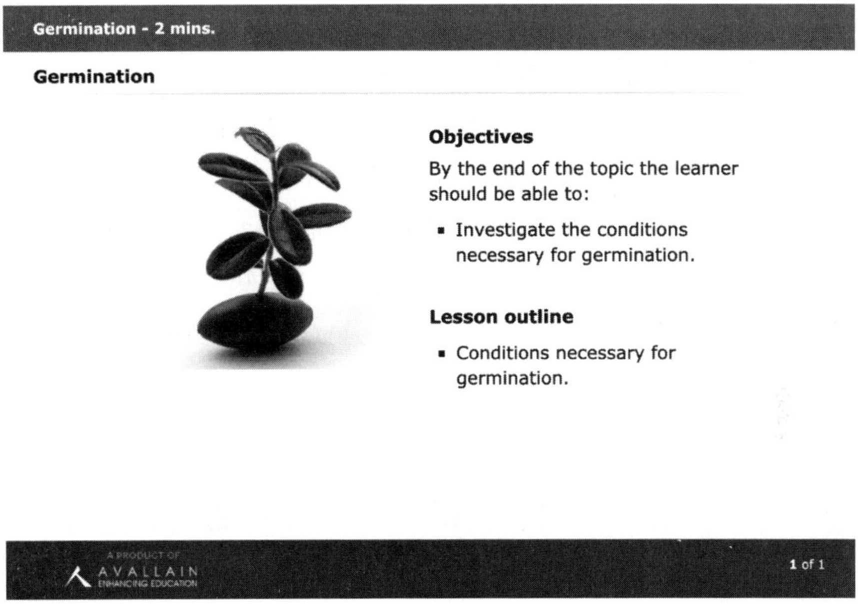

图 4–8 “发芽”的教学目标

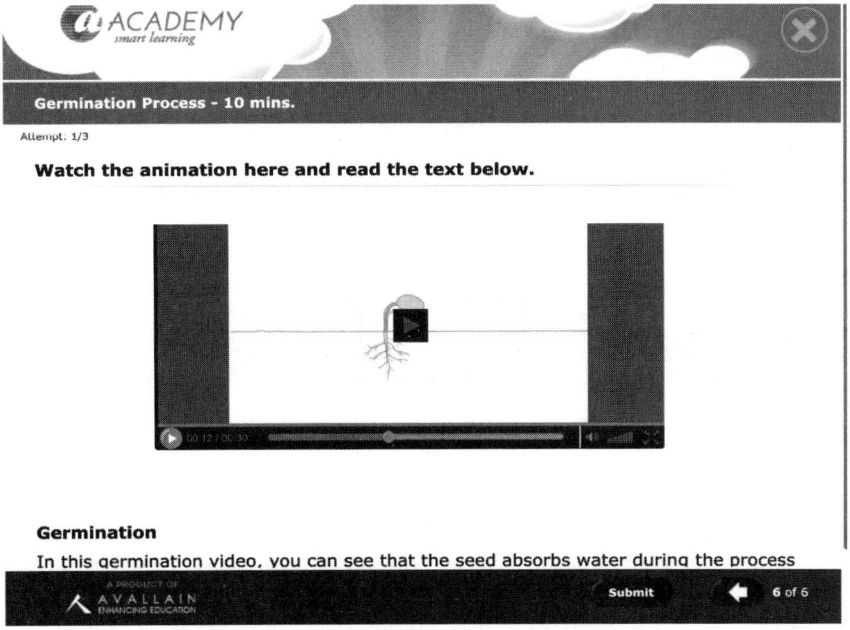

图 4–9 有关“发芽”的教学动画

接下来，通过 10 分钟的教学详细介绍发芽需具备的条件。图 4–10 展示了发芽所需要的条件，即水、空气和适当的温度。

最后，本节课有一个拓展学习，包括一些与教学内容相关的问题。如图 4–11 所示，拓展学习的题目是“根据你在上一个活动中进行的实验回答以下问题”。4 个问题，分别是“你能看到什么？”“容器 1 中缺少什么条件？”“容器 2 中缺少什么条件？”“容器 3 中缺少什么条件？”。最后呈现一段拓展性知识。

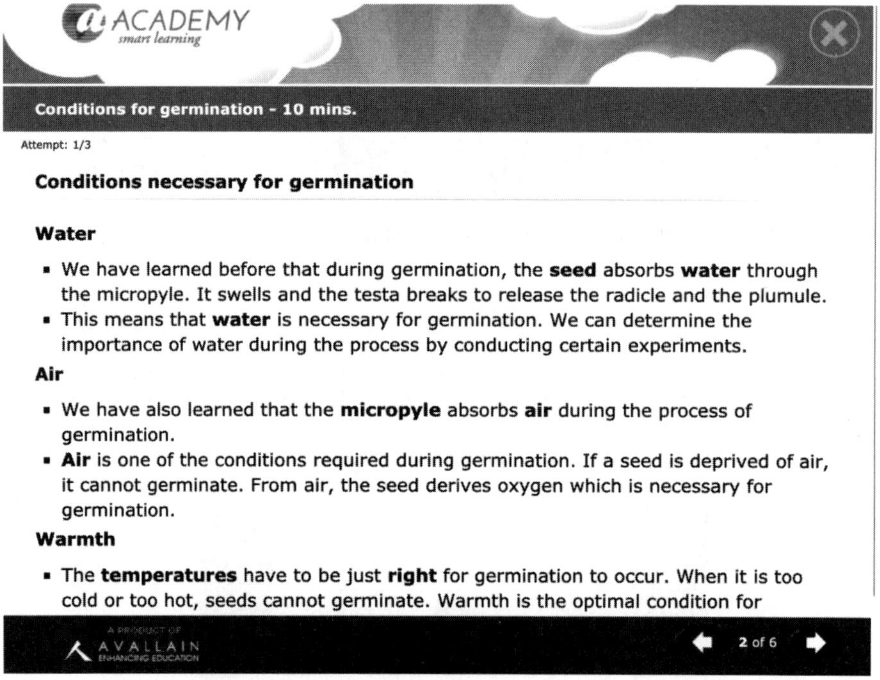

图 4–10 “发芽”所需要的条件

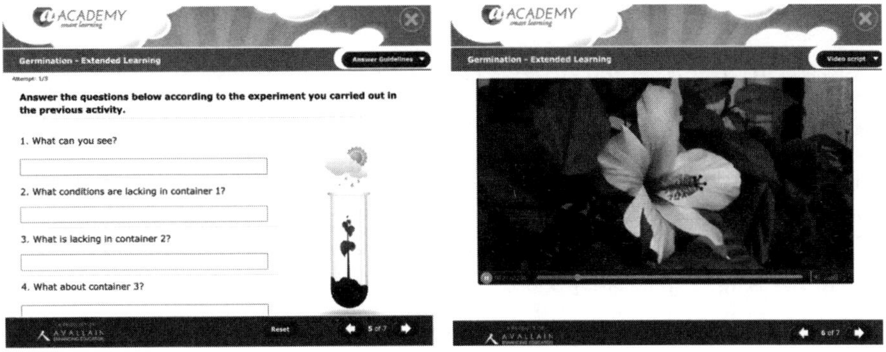

图 4-11　拓展学习

每学期结束时，项目会安排一个在线评估，包含一些测试题。图4-12 展示了填空题和简答题的交互界面。在做填空题时，学生需要把正确的选项拖拽到每一个题目的空白处，完成作答。在做简答题时，学生需要根据题目给出的情境信息，给出正确的答案及合理的解释。

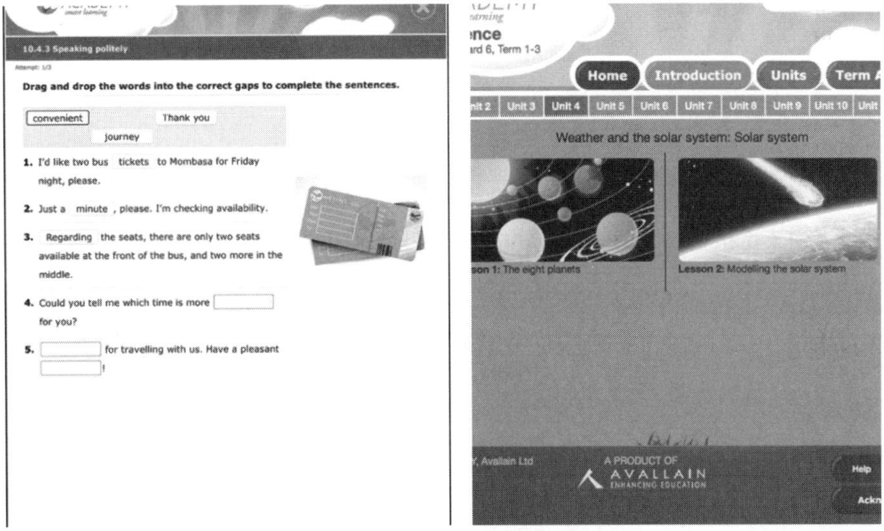

图 4-12　智能学习项目的测试题

3. 适用场景

（1）中小学生自学。由于智能学习项目在设计过程中增加了非洲地区本土的真实生活情境，并充分考虑了儿童的认知发展规律，课程安排循序渐进、由浅入深，适合中小学生以及关注基础教育发展的教学研究人员使用。

（2）翻转课堂的辅助教学。该项目可以随时随地学习，增强了学习的灵活性。儿童及父母可以在家中自由探索项目中独特而引人入胜的内容，从而提高自学技巧，改善课堂表现。该项目也可用于教师和学校在课堂环境中为学生提供互动课程。

（3）教师培训，转变教师教学方式。阿瓦莱恩基金会为教师提供培训，教他们如何最有效地将智能学习项目整合到教学中。培训也会促使教师的教学方式发生变化，这个变化有利于学生在课堂上和教师进行深度的互动，提高学习效率。

（三）实施效果

1. 大范围改变经济欠发达地区学生的学习方式

智能学习项目可以满足东非越来越多的家庭和学校使用互联网在线学习的需求，其离线版本也非常适合那些无法连接互联网的人。此类定制教学内容获得了肯尼亚教育部的认可。智能学习项目已在肯尼亚的各类小学中试行，包括公立学校和低成本私立学校。目前有 15000 名儿童使用智能学习项目，乐观估计，将来有超过 50 万名非洲儿童从中受益。

2. 深层次影响经济欠发达地区教师的教学方式

阿瓦莱恩基金会已经培训了 6060 名教师使用智能学习项目进行最有效的教学。智能学习项目在 15 所小学建立了计算机实验室，并且与 18 所学校建立了共享实验室，其中包括 7 所公立学校、7 所私立学校和 4 所非正式学校。共享实验室每所学校每周使用 3 次。

数字内容将交付给那些每个学生拥有一台平板电脑或者学生可以在

学校中共享一台计算机的学校。阿瓦莱恩基金会通过提供有关如何使用智能学习项目进行最有效教学的教师培训课程，实施基于上述数字内容的教学。教师培训不仅包含课堂管理、学校系统运营、学生支持方面的内容，而且包括以儿童为中心及涉及性别差异的教学法方面的内容。

3. 整体提高经济欠发达地区教育发展水平

总体而言，本项目给所有参加者提供了高质量教育，不断缩小教育差距。此外，阿瓦莱恩基金会等教育创新机构正在为贫民窟的学校免费提供智能学习项目。它们的愿景在于让最贫困的人群和社会弱势群体获得高质量的数字教育，并使他们为未来数字环境做好准备，以增加他们在接受教育后找到较高待遇的工作的机会。

此外，本项目还促进了教师教育的可持续发展。该项目不仅培训教师如何更有效地将智能学习项目整合到实际教学中，而且扩展了教师教育培训服务，建立了相应的支持计划，使参与项目的教师更有能力实现不断发展的目标。

4. 为经济欠发达地区的教育升级发展提供借鉴

智能学习项目在肯尼亚的开发与实施，为世界经济欠发达地区的贫困与弱势群体教育提供了可复制的成功经验。肯尼亚基于本国国情，大力发展数字教育，例如智能学习项目，消除日益严重的教育不公平问题，以达到均衡发展教育的目的，为未来数字化社会提供人力资源，同时，关注社会底层和弱势人群，通过提供优质的在线教育资源，增加这部分人群的受教育机会，使他们在未来数字化社会中能够胜任相应的工作。因此，智能学习项目是一个在经济欠发达地区成功实施的典型教育创新案例，在经济欠发达地区推广该项目具有积极的意义。

（执笔人：谢志勇）

第五章

教育环境与教育创新

教育环境质量是教育质量保障体系中的重要环节。教育应当为学生创造一个相互谅解、相互尊重和相互负责的学习环境。这一环境使学生能够自由表达看法并参与学校生活，并避免因交流匮乏所产生的恐惧。在 2019 年世界教育论坛中，联合国教科文组织再次强调所有儿童和青少年都有权享有安全、包容和有效的学习环境。本章所收录的建立“新学校”、办好特殊教育学校和开展众筹学习三个案例，分别探讨了教育创新环境如何能够更好地面向未来，更好地关注有特殊教育需求的群体，如何能够在满足学习者个性化需求的基础上让学习过程更加从容、灵活、成本更低，以期打破现行传统学校教育制度的壁垒，为学生创建更加适合学习的教育环境。

案例一：如何建立“新学校”

1974 年，在联合国教科文组织“整体学校”（Unitary School）项目的基础上，科尔波特（V. Colbert,“新学校”的提出者）等人研制出了结构化、标准化的学习手册，并配套编写了第一本教师手册，勾勒了“新学校”的雏形。1976 年，第 1 版“新学校”学习手册由哥伦比亚国家教育部发布，“新学校”模式开始被广泛地应用于哥伦比亚的学校中。1982 年以后，“新学校”项目在世界银行的资助下扩展到哥伦比亚多个省份的几千所农村学校中；到了 1989 年，该项目已经惠及哥伦比亚 17948 所学校的 800000 名学生；到 20 世纪 90 年代，几乎覆盖了哥伦比亚所有的农村学校（约 41000 所）。1989 年，“新学校”项目被世界银行选为“世界上三个最成功影响国家政策的实践之一”。2000 年，联合国《人类发展报告》将该项目评为哥伦比亚最伟大的三项成就之一。过去十余年间，该项目还获得包括世界教育创新峰会教育项目奖、克林顿全球公民奖、斯科尔基金会奖、阿育王奖等教育和社会创新领域的各大奖项。① 2017 年，该项目荣获一丹奖。一丹奖由陈一丹先生于 2016 年创立，是目前全球奖金额最高的教育奖（奖金金额是诺贝尔奖的 3.5 倍），旨在表彰、支持推动教育创新且为教育变革与发展带来深远影响的个人或团队。

---

① Fundación Escuela Nueva. Escuela nueva model[EB/OL]. [2021-03-01]. http://www.escuelanueva.org/portal/en/escuela-nueva-model.html.

（一）聚焦问题

始于 20 世纪 70 年代中期的哥伦比亚“新学校”项目以改进学校教育质量为目标，建立了国际认可的教育模式，是发展中国家持续时间最久、通过自下而上的方式创立的教育创新项目之一。①

“新学校”项目所服务的学校通常具备三个特征：（1）学校规模较小，许多学校不足百人，有的学校甚至仅有 15 名学生；（2）大复式，即多个年级学生需要在同一个教室上课；（3）教师资源匮乏，教师需要负责几乎所有学段的所有学科。不过，随着项目的不断发展及完善，项目目前已经能够为各类普通中小学校提供相应的服务。② 例如，在“新学校”项目推广程度较高的哥伦比亚，有 100 万名 18 岁以下的儿童生活在颠沛流离的环境中③，其中超过 85% 的儿童无法回到原来的学校。“新学校”项目主要解决的问题就是在这种特定的学生和班级构成状况下，减少对教师专业程度的严苛要求，减轻教师的负担。在传统学校中，教师要兼顾不同年级学生的学习内容，需要花费大量的时间备课，从而无法用更多的时间和精力关注每一个学生。“新学校”项目希望创造一种课堂学习环境，在这一环境下，学生能够自主开展独立学习和合作学习，并且能够加强与学校和社区之间的联系。与此同时，每一名学生的学习进程是相对灵活的，允许学生根据自身的实际情况完成学习任务，并以自己可以掌控的节奏迈向下一阶段的学习。这样就可以很好地解决农村地区因为

---

① UNESCO, UNICEF. Asia-Pacific end-of-decade notes on EFA goal 6：quality education[R/OL]. [2020-03-01]. https://www.yumpu.com/en/document/read/27571341/efa-goal-6-quality-education-asia-pacific-end-unesdoc-unesco.

② 张守礼 . 盛开在拉美乡村的“新学校”之花 | 第三届 LIFE 教育创新峰会 [EB/OL]. [2021-03-01]. http://www.sohu.com/a/328832927_100974.

③ Fundación Escuela Nueva. Education in emergencies: the success story of the Escuela Nueva learning circlesTM in Colombia[EB/OL]. [2021-03-01]. https://escuelanueva.org/.

班额过小、多个年级学生课程交织给教师带来过大压力的问题，让教师从信息的传递者转变为学习的促进者。

（二）解决方案

1.“新学校”项目的培养目标

“新学校”项目的创新更多的不是教育哲学层面的创新，而是教学法的创新。该项目希望通过一系列行之有效的策略，以及对教师进行培训和帮助专业教师之间协作，加强学校、家庭、社区之间的联系，从而提高贫困地区学生的学业成就。“新学校”项目对达成以下三方面目标给予高度重视。①

（1）重视民主价值。

每个“新学校”都选举产生一个“学生政府”，管理学校的卫生、娱乐等活动。它通过关注民主、合作和共情的社会互动，来促进和平。

（2）小组学习、分工合作。

促进以学生为中心的、主动的、互动合作式的学习是“新学校”项目秉持的核心理念。个性化的学习不是让每个学生在相同的时间学相同的内容，而是在教室中形成弹性的、灵活的方法。每个学生都在自主学习，并且明确地知道他们做事的目的是什么。

（3）学校、家庭、社区之间形成紧密的联系，解决生活中的问题。

这种不同社群之间的联系主要体现在两方面。一方面，学校鼓励家庭和社区成员参与学校活动，建立学校与社区的亲密关系。例如，很多家长会帮助学校搭建学习角，帮助学校把教室的窗户变得更大，帮助学校组织活动。在这样的地区，不同家庭为孩子的教育所做的投入更多是时间和精力上的投入，而非金钱投入。

---

① 张守礼．盛开在拉美乡村的“新学校”之花丨第三届 LIFE 教育创新峰会 [EB/OL]. [2021-03-01]. http://www.sohu.com/a/328832927_100974.

另一方面，学校会将“解决生活中的实际问题”这一理念通过孩子传递给家长。比如，“新学校”所提供的学习手册可能要求学生回家“检查弟弟妹妹该接种的疫苗是否都已接种”，以帮助学生学习“怎样帮助我的弟弟妹妹不因腹泻酿成性命危险”，而不是学习“埃及哪条河最长”。

2.“新学校”项目的实施策略

科尔波特和布斯蒂略（E. V. Bustillo）2018 年在《改善贫困地区的教学与学习：“新学校”模式是备选方案吗？》一文中就“新学校”项目的实施策略进行了详细的介绍。“新学校”项目的实施策略主要包括教师培训、课程开发、行政支持、社区联络四方面。

（1）教师培训。

教师培训实施三步走策略。首先是由项目发起团队带领教育管理人员参观示范校。通过参观示范校，审视“新学校”的做法，特别是对如何开始与社区合作、使用教学资料、布置教室、建立和运作学生会、把图书馆作为一个资源库等方面的经验进行考察。其次是形成教师培训课程。培训采用系列工作坊的方式来解读教学理论，剖析实践案例。教师会使用标准化的教师手册，其中包括“新学校”模式、本土化设计、学习中心、学习型组织等与学校理念、课程设计和教学组织等息息相关的内容，并且教师手册的编排顺序与“新学校”的核心——学习手册的内容编排顺序是高度一致的。这样一来，教师可以在培训中了解在面对学生时需要使用哪些教学方法。最后是组建教师学习圈子或小型教师中心，鼓励教师分享面临的共同问题和解决方案。

（2）课程开发。

课程开发中的一个核心观点就是帮助教师减轻负担。课程开发主要包括编制学生的学习手册，创建学习角、教室图书馆及建立学生会等方面，其中学生所使用的学习手册是各项资料中的重中之重。

学习手册用于辅助学习，包括与课程目标相关的基本信息和实践活动。它将传统教科书、练习册和教师指南工具包整合在一起，参照国家认可的课程大纲设计，每个单元都配有学习指导，其中有配图故事、开放性问题、课堂内外的实操性活动等，也有使用方法和练习步骤的详细说明。这样的设计允许学生按照自己的节奏自主学习。课程对地方的需求持开放的态度，一方面在国家课程大纲的基础上循序渐进，另一方面支持教师在必要的情况下做出调整，以适应不同地区的现实情况。它鼓励教师根据当地的特点，积极地将手册的内容应用到社区生活之中。

奕阳教育集团董事长张守礼等专家访问哥伦比亚5所采用“新学校”模式的乡村学校后，围绕“安全清洁的水源”这节课，对“新学校”在课程设计方面所采用的策略进行了简要介绍。“新学校”学生的上课过程如下。

- 每桌代表分发学习手册；
- 学生制作进度管理表；
- 将目标写在笔记本上；
- 开始按照学习手册上的安排上课；
- 和教师讨论遇到的困难、分享好的成果，教师审核并让学生记录进展；
- 开展应用活动，分享成果并纠正错误等，教师审核并让学生记录进展；
- 和家人或社区成员一起做实践活动，分享给教师；
- 学生和教师一起评估学习成果，如果达到预期，记录进度并且继续保持；
- 在学习单元结束时做教师布置的或者单元末尾建议做的检测；
- 和教师一起评价，如果达到了这个单元的目标，将继续学习下一个单元。

从上述步骤当中可以发现，学生学习的绝大部分过程是通过自我组织以及与教师、家庭合作来完成的，过程当中并没有完整的教师授课环节，学生作为学习的主导者开展相关学习活动，而其他人员起监督和辅助的作用。这样做的前提是有较为详细的学习手册。例如，在学习手册中，对“安全清洁的水源”这节课的安排包括基础活动、练习活动和应用活动三个环节。在基础活动中，学生与教师共同了解所需解决的问题及相关背景，此时学生不仅要尝试思考如何解决这些问题，更需要了解解决这些问题的原因（见图 5–1）。在练习活动中，学习手册会为学生提供一些“冲突”的情景，这样的情景能够为学生巩固所学知识、提升审辨思维创设所需的外部环境，还能够帮助学生在学习过程中充分交流、沟通和合作，通过他人的视角来审视和调整自己的学习过程（见图 5–2）。在应用活动中，家庭作为教育链中重要一环的作用将被体现出来，通过教育影响学生，进而影响到他们所处的日常生活环境（见图 5–3）。

与教师一起：
轮流朗读一篇 15 岁女孩讲述自己怎样和同伴一起，解决村庄里不洁饮水带来的问题的故事。

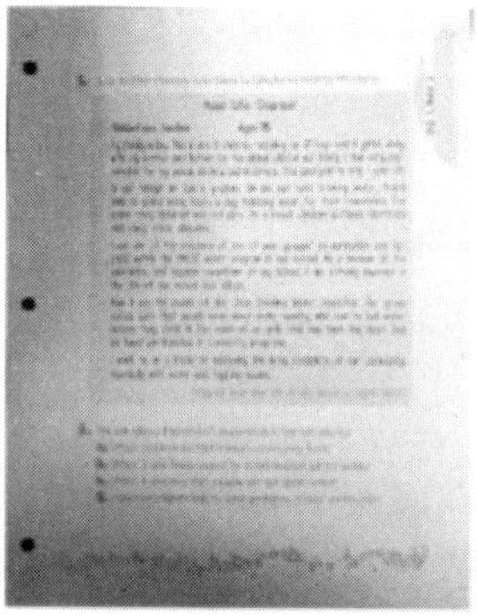

与教师一起讨论以下问题：
1. 女孩所在的村庄遇到了什么问题？
2. 列举一种由污染水源造成的疾病。
3. 列举一种获得清洁水源的方法。
4. 孩子可以怎样为自己的村庄解决水源的问题？

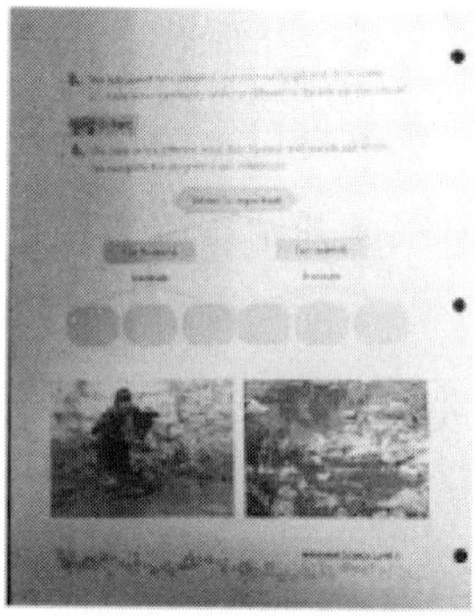

学生两人一组：
1. 用图表的方式，在笔记本上分别列出水对人类和牲畜的重要意义。
2. 观察两幅受到污染的水源的图片，讲述所见，讨论受污染的水对我们的危害。
（教师检查学生的活动）。

图 5–1　基础活动中所需完成的任务

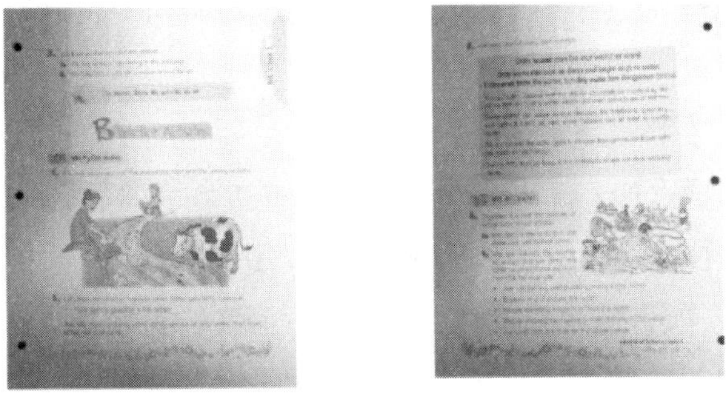

与同伴一起：
1. 看一张人在河边洗衣、洗澡并取水或动物在河里洗澡或喝水的图片，讨论这些做法对不对。
2. 想一想水源被污染后可能产生的后果，并轮流说一说。

阅读课文：脏水是我们的头号敌人。脏水可能看着和干净水一样透明清澈，甚至喝起来味道也没有不同，但是脏水里面有细菌，可能会引起腹泻、痢疾等疾病。细菌可能在水循环的各个环节污染水源，它可能藏在我们家里储水的容器里。

与教师一起：
观察学校附近的水源，看哪些是洁净的，哪些可能受到不同程度的污染，如有动物在水里洗澡排泄、水里有垃圾、人在水源附近排泄、工厂建在水源附近等。

图 5-2　练习活动中所需完成的任务

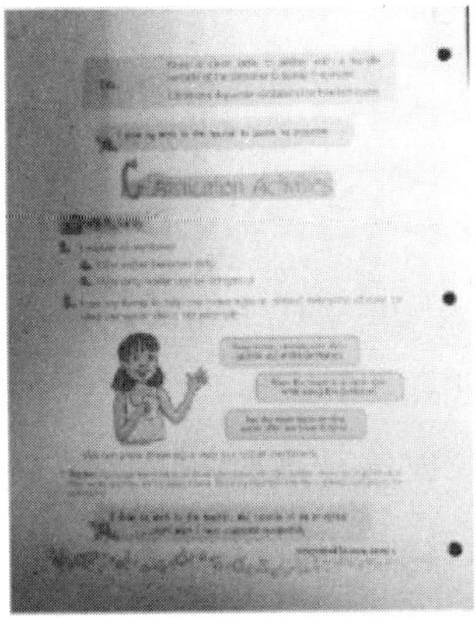

与家人一起：
1. 在家里给家庭成员讲述水是怎样被污染的、脏水有什么危害。
2. 请家庭成员帮忙做一些提醒的标语，写上保护水源的标语。

注意：教师需鼓励学生与家庭成员分享洁净水源的重要性，学生可以在社区里起到重要作用。

学生把自己的家庭作业完成情况报告给教师，教师记录学生的学习进展。

图 5-3　应用活动中所需完成的任务

（3）行政支持。

在行政支持上，“新学校”项目争取将行政流程，包括技术支持和督导工作纳入地区层面的工作中。在具体做法上，不同的国家依据教育部门的行政架构而有所不同，但重点都是要保证行政人员和督导发挥支持与建议的作用，避免直接控制。

（4）社区联络。

在社区联络方面，主要组织教师、学生和家长参与学校的各种活动。活动方案有多种，例如绘制学校环境地图，撰写家庭记录、农事日历等。

“新学校”项目强调的教师培训、课程开发、行政支持和社区联络这四个方面不是孤立的，而是形成系统，共同发挥作用。从“新学校”一节课的流程中可以看出，“新学校”中教师的职责是检查学生是否理解书面说明，激励学生学习额外的内容，辅导有疑问的学生，引导学生通过合作互动和增强自学能力来学习。教师也会向学生展示出现问题时如何应对，可以采取怎样的策略，从而提升学生解决问题的能力。

此外，在有限的条件下，“新学校”项目对学习空间也做出了改变。在“新学校”的教室里，经常出现的场景是：大大小小的学生围着桌子坐成一圈，自主学习、相互讨论或者完成小组任务。教室里面会增加不同学科的学习角，学习角相当于每个教室的图书馆，便于学生阅读书籍和查看资料。

3.“新学校”项目在越南

虽然“新学校”项目始于20世纪70年代中期的哥伦比亚，但是在全球范围内拥有广大的拥趸，且不同国家在具体实施“新学校”项目时，往往会从整个模型中提取部分内容，以符合当地的实际情况。例如，越南自2010年开始引进“新学校”项目，并从最初只有24个乡村学校参与项目，到2015—2016年有3745所学校推广这一项目，其中有1447所学校受到政府的资助与支持，而其他学校均由地方政府自愿支持。

在越南推广“新学校”项目的过程中，有五个重要的内容被采纳并付诸具体实践：（1）教科书、练习册、教师指南工具包相结合的三合一自我教学指南（3-in-1 self-instructional guides），该教学指南能够同时为学生、教师和家长所用；（2）通过每日书面评论进行全面、持续的评估；

（3）通过定期选举形成“学生政府”，领导学生开展自组织学习；（4）打造新的教室环境，包括圆形的讨论桌、学习角和墙上的地图等，使得学习环境更有利于互动式学习及自主学习；（5）鼓励家长和当地社区积极参与儿童的教育过程。

实验表明，越南参与到“新学校”项目中的学生学业成就略高于控制组的学生。除此之外，学生在社会情感方面得到显著提升，且在部分案例中已经超过平均水平 1/3 个标准差以上。①

（三）实施效果

截止到 2018 年，有超过 35 个国家的教育研究者曾经赴哥伦比亚参观运用“新学校”模式组织学生学习的学校，并且将这样的理念和实践带回自己的国家，其中在 16 个国家“新学校”项目已经成功落地，培育出具有当地教育特色的新型学校②。

“新学校”之所以能够被广泛复制和推广，主要是由其特征所决定的。

（1）低成本。“新学校”绝大部分属于乡村学校，而在发展中国家，这些学校是主体，“新学校”本身对于硬件的要求并不高，除了一些必备的印刷品（如学习手册）以外，没有过多硬件投入。

（2）标准化。标准化的教学法适合于任何课堂，即便只有一位教师，也可以同时教导不同年龄的学生。学习手册对学生所学的内容、学习过程以及教师应该在哪些环节发挥作用等都有明确的说明，这对于师资力量和教学水平有限的地区而言尤为重要。

（3）鼓励学生自主学习，减轻教师负担。“新学校”为教师提供了非常友好的支持，引入这一项目不会给教师带来额外的负担；相反，还会在

---

① Le H M. The reproduction of ‘best practice’: following Escuela Nueva to the Philippines and Vietnam[J]. International Journal of Educational Development, 2018（62）: 9-16.

② Aldawsari R A. The Escuela Nueva (The New School) in Colombia: an innovative educational program in developing countries[J/OL]. [2021-03-01]. https://www.mecsj.com/uplode/images/photo/The_Escuela_Nueva.pdf.

很大程度上帮助教师解决教学资源不足、学生年龄跨度较大的问题。

（4）因地制宜，与当地生活紧密联系。“新学校”项目课程素材很多取自当地实际生活，与学生生活经验紧密相关，既能够避免学生学习倦怠，又能够很好地调动社区各方力量参与的积极性。

“新学校”项目与农村教育事业发展具有很好的契合点。事实上，如何改善我国农村地区义务教育质量是长期以来我国教育发展所面临的重要议题。过去10余年，国家曾多次出台相关政策文件，推动农村教育事业发展，特别是扩大农村教师规模、提升农村教师专业素质和能力水平。2006年的《关于实施农村义务教育阶段学校教师特设岗位计划的通知》、2015年的《乡村教师支持计划（2015—2020年）》、2020年的《关于加强新时代乡村教师队伍建设的意见》等，为实现农村教师可持续发展，助力乡村振兴，推动实现公平而有质量的农村教育奠定了坚实的基础。仅从师资条件这一项指标来看，2017年全国招聘特岗教师7.7万名，覆盖中西部22个省份3.3万所农村学校，农村学校师资结构不合理的问题正在得到解决。

然而，在农村学校教师数量和质量得到显著提升的背景下，农村学校数量逐渐减少、学生进一步流失的现象却没能够得到有效缓解。东北师范大学中国农村教育发展研究院2019年发布的《中国农村教育发展报告2019》显示，2017年城区、镇区学生数较往年有不同程度的增加，而农村学生人数进一步减少，义务教育阶段学生数与往年相比下降4%，学校数同比也降低4%。根据教育部发展规划司公布的《2019年教育统计数据》，我国小学学段农村地区总计有学生25575075人、专任教师1825757人、班级数953032个，平均生师比为14.01∶1，平均班额为26.83；而全国小学平均生师比为16.85∶1，平均班额为37.61。农村地区生师比和平均班额均低于全国平均水平。其背后所体现的是农村“学校越来越小”“学生越来越少”，往往只有那些“特别调皮捣蛋或者家里经济条件实在太差”的学生，才会留在农村就读，部分地区甚至出现近50%

的学校每个年级人数不足10人。而学生数量不足反过来制约了教师队伍的扩充，不同年级学生不得不共享教育资源。在城镇化进程中，如何为这类学生提供公平而有质量的教育，就成为农村教育改革必须面对的问题，“新学校”项目或许可为此提供一些启示。

（执笔人：刘启蒙）

案例二：如何办好特殊教育学校

儿童的幸福和权利是联合国关心的一个重要问题，为此，联合国于1946年12月11日设立了联合国儿童基金会。1948年，联合国大会通过《世界人权宣言》，特别强调儿童必须受到特殊的照顾和协助。之后，联合国在一般性的国际条约（如《国际人权公约》和1959年11月20日专门针对儿童权利出台的《儿童权利宣言》）中也多次强调保护儿童的权利。鉴于《儿童权利宣言》等一般性文件不具有条约法的效力，而给儿童权利以条约法的保障已日益必要，在1978年联合国人权委员会会议上，波兰的洛帕萨（A. Lopasa）教授（后为《儿童权利公约》起草工作组主席）倡议起草《儿童权利公约》。1989年联合国大会通过了这项具有全球约束力的、关于儿童权利的国际协定——联合国《儿童权利公约》。

2009年10月，在联合国《儿童权利公约》发表20周年纪念大会上，联合国儿童基金会执行主任维尼曼（A. M. Veneman）在联合国儿童基金会日本国家委员会驻东京办事处举办的新闻发布会上发布了《儿童保护进展报告》。《儿童权利公约》中多项条款致力于服务特殊儿童教育的发展，确保特殊儿童能够受到相应的教育保障以规避不必要的风险，这成为多个国家构建特殊教育体系的重要参考。

崔尼蒂·菲尔兹学校与资源中心（Trinity Fields School and Resource Centre）是英国威尔士的一所特殊教育学校，成立于1998年。该校依据

《儿童权利公约》的各项条款，从课程、教学、学习、出勤、安全/网络安全、健康与幸福、饮食与锻炼、评估等方面制定相应的政策，以保障每一名在校特殊儿童的权益。学校于 2017 年获得联合国儿童基金会“尊重权利学校奖”（Rights Respecting School Award，RRSA）。该校的案例将为保障特殊儿童教育专业性、系统提升办学质量提供借鉴与参考。

（一）聚焦问题

崔尼蒂·菲尔兹学校与资源中心致力于帮助在学习上存在困难的学生逐渐从全日制学校学习环境向社会工作环境过渡。这所学校的学生往往有自闭症谱系障碍（autistic spectrum disorder）、严重的多重困难（profound and multiple difficulties）、较高的医疗需求和伴随症状（high medical needs and attendant syndromes）、感官受损（sensory impairments）、沟通障碍（communication disorders）、情感问题（emotional problems）或身体残疾（physical difficulties）等多种障碍。这类学生如果无法得到正确的教育和指引，很难适应未来社会对于劳动力最基本的要求，也会因此而失去独立生存的能力，问题严重者还可能对国家社会的平稳发展带来不可估量的负面影响。

崔尼蒂·菲尔兹学校与资源中心以《儿童权利公约》为依据，组织并开展有关特殊儿童教育的创新活动，并制定了一系列政策保障特殊儿童的合法权益。

（二）解决方案

崔尼蒂·菲尔兹学校与资源中心是培养特殊儿童方面的佼佼者。通常而言，一般人会在一定程度上区别对待特殊儿童与普通儿童，认为特殊儿童需要更多的关怀和帮助，却忽视了培养他们履行自己权利、承担相关责任的能力。崔尼蒂·菲尔兹学校与资源中心管理委员会、员工及学校所在地区的政府官员则试图将学校打造成为一所面向学生的全面开放的学校，让所有的学生都能够参与到学校各个层面的工作中，以便使在学校学习的学生能够为未来平稳走向社会做好准备。

而实现这一目标的重要途径，就是制定一系列详尽并且对学生十分友善的政策。在这所学校网站最为醒目的位置，可以看到学校所制定的政策。这些政策包括“一般数据保护政策”“学生友善政策”“课程政策”“学校领导与管理政策”，以及其他学校相关政策。这些政策由学校领导者与学校咨询委员会、学生领导小组共同制定，涉及课程、教学、学习、出勤、安全/网络安全、健康与幸福、饮食与锻炼、评估等不同方面。经初步统计，该校所制定并公开的政策超过110项，且每一项政策都会与《儿童权利公约》中的1项或数项条款相契合。下面，我们首先对《儿童权利公约》进行简要介绍，然后对崔尼蒂·菲尔兹学校与资源中心的学生参与政策、员工行为准则、课程相关政策以及自我评估政策等具有一定特色的政策加以说明，以具体体现该校在尊重学生权利与义务、促进学生社会性发展方面所做出的努力。

1.《儿童权利公约》

《儿童权利公约》1989年由联合国大会通过。为促进《儿童权利公约》的有序实施，联合国儿童权利委员会每5年会对缔约国进行一次监督和审查。每次审查之后，都会结合各国实际情况提供改进意见，并协助该国共同规划落实本国儿童权利保障的路线图。然而，正是在这一审查过程中人们发现，实现儿童权利是一场艰苦的战斗。在许多情况下，人们采取各种福利措施来解决儿童问题，而不是《儿童权利公约》所要求的基于权利的方法，这一点在特殊教育领域尤为明显。因此，在特殊教育实践中，特别需要基于儿童权利的教育政策和措施，以保障特殊儿童作为国家公民具备履行自己责任和义务的能力。①

《儿童权利公约》包含3个部分，共计54项条款。这些条款都被认

① Children's Rights Alliance. The UN convention on the rights of the child[R/OL]. [2021-03-01]. https://www.childrensrights.ie/childrens-rights-ireland/un-convention-rights-childs.

为是发展儿童个性和维护儿童尊严的必要条件。在《儿童权利公约》中，不同的权利并非按照重要性进行排序，相反，它们相互作用，形成一个动态的整体。有 4 项条款被特别提及，也被视作《儿童权利公约》构建的准则和基石，它们是：

条款 2：缔约国应尊重本公约所载列的权利，并确保其管辖范围内的每一儿童均享受此种权利，不因儿童或其父母或法定监护人的种族、肤色、性别、语言、宗教、政治或其他见解、民族、族裔或社会出身、财产、伤残、出生或其他身份而有任何差别。

条款 3：关于儿童的一切行动，不论是由公私社会福利机构、法院、行政当局或立法机构执行，均应以儿童的最大利益为首要考虑。

条款 6：缔约国确认每个儿童均有固有的生命权。缔约国应最大限度地确保儿童的存活与发展。

条款 12：缔约国应确保有主见能力的儿童有权对影响到其本人的一切事项自由发表意见，对儿童的意见应按照其年龄和成熟程度给以适当的看待。

从上述 4 项条款中可以看出，以儿童为中心和全纳性是《儿童权利公约》最突出的特征，而这一特征为基于《儿童权利公约》发展特殊教育奠定了坚实基础。

2. 学生参与政策

学生参与政策制定的初衷是让每一个学生都有权利参与到个人、社会发展活动中，以满足他们在学习和生活等方面的差异化需求。该项政策由“保障学生参与的方法”及“促进与保持学生参与有效性的策略”两个方面组成，这些方法和策略对应于《儿童权利公约》第 12 条、第 28 条、第 29 条和第 42 条。

（1）保障学生参与的方法（节选）。

- 授权：所有学生有权参与到学校的各类活动中，学校管理者应当充分聆听他们的声音。学校制定的政策及行使权力的过程应当确保能够满足学生的需求，并且能够引导学生取得积极的成就。

• 赋能：每一名学生的价值都应当被认可，教师在工作中需要与学生建立合作关系，通过合作识别和区分学生的不同价值。咨询学生的意见并鼓励他们做出有助于他们的情感发展及自我意识形成的选择。

• 平等机会：有效地咨询并让所有学生公平地参与到决策当中是一件极具挑战的事情，但却十分必要。集体签名、投票、专家组轮转帮扶等方式可以帮助学生平等地参与到学校各项事务当中。

• 安全措施：在学生参与过程中注意学生身心的自我保护。在与成人交往的过程中，学生除了不断学习沟通合作的技巧之外，也会面临一些新的挑战。这种挑战可能会造成学生情绪等方面的异常。因此，与学生参与配套的自我保护机制应当同步建立。

• 尊重：学校的全体员工应当本着合作的态度与学生建立联系；与此同时，同学之间、学生与家长之间的合作也应当在平等的基础上展开。

（2）促进与保持学生参与有效性的策略（节选）。

• 应当尊重每一项与学生共同决策形成的规则，并严格执行。

• 为学生提供充分表达的机会，即使是在某项决策做出后，在具体执行过程中也应当聆听学生的声音，及时做出改进。

• 为员工提供专业化的培训与指导，让他们形成自己独有的与学生相处的模式。

• 尊重差异，鼓励学生表达不同的观点，并能够将不同的观点融入统一的行动策略中，让员工和学生能够学会协商并在一定程度上接纳他人的观点。

（3）政策对应条款。

条款 12：缔约国应确保有主见能力的儿童有权对影响到其本人的一切事项自由发表意见，对儿童的意见应按照其年龄和成熟程度给以适当的看待。

条款 28：缔约国确认儿童有受教育的权利。

条款 29：缔约国一致认为教育儿童的目的应是：（a）最充分地发展儿童的个性、才智和身心能力……

条款 42：缔约国承担以适当的积极手段，使成人和儿童都能普遍知晓本公约的原则和规定。

3. 员工行为准则

为了让学校员工能够更好地践行学校的教育理念，促进员工之间，员工与学生、监护人乃至整个学校的协同发展，该校制定了一份特别的员工行为准则。在这一准则中，员工的行为被分为“与员工共同工作”“与学生共处”“与监护人沟通”“与学校环境协同”四个部分，并结合具体情境制定了相应的行为规范。

当与员工共同工作时：

- 互相提醒注意学生的安全和幸福感；
- 友善、尊重、真诚地对待他人；
- 寻找解决问题的方法，而不是制造麻烦或推卸责任，为团队工作做出积极的、有建设性的贡献；
- 听取他人的观点，并确保每个人能够发声；
- 分享自己的心得和资源，保证团队中每一个人的高质量发展；
- 即使在面对一些超出自我认知的情况时，也要始终保持冷静与自信。

当与学生共处时：

- 所做的一切应始终服务于学生的兴趣；
- 将他们当作正常人，给予平等的尊重；
- 帮他们形成对自身价值的正确理解；
- 在安全的环境下，尽可能创造机会让他们感受到成功；
- 及时庆祝学生取得的一切成功或者进步；
- 对学生所说的话及所表现的需求保持高度敏感。

当与监护人沟通时：

- 保持尊重与同理心；
- 时刻注意自身行为及用语的专业性；
- 确保和监护人共同促进孩子和学校的发展；
- 在恰当的时候将发生在孩子身上的细节与监护人分享；
- 做好准确、翔实的记录。

当与学校环境协同时：

- 确保儿童所取得的成就是积极的；
- 将自己视作学校对外的大使；
- 对学校保持忠诚；
- 与学校领导共同思考学校未来的发展蓝图。

政策对应条款：

- 条款 28：缔约国确认儿童有受教育的权利。
- 条款 29：缔约国一致认为教育儿童的目的应是：（a）最充分地发展儿童的个性、才智和身心能力……
- 条款 42：缔约国承担以适当的积极手段，使成人和儿童都能普遍知晓本公约的原则和规定。

4. 课程相关政策

崔尼蒂·菲尔兹学校与资源中心为学生提供了多样化的学习机会，以保障每一名学生在学校都能够获得所需的教育。除了必备的学习能力外，学校还会为学生个体生理和情感发展、生涯规划和工作能力培养等提供相适应的课程。这里，将选择“性别与亲密关系”“工作准备”“同伴指导”三类具有一定特色的课程分别进行介绍。

（1）性别与亲密关系。

学校会为处于不同年龄段的学生提供特定的性别与亲密关系课程。课程内容涉及性别的差异、如何建立和保持亲密关系、在一段亲密关系当中应当承担的责任和义务、生理卫生知识及一些必备的沟通与决策技巧等。对于特殊儿童而言，课程肩负的一项重要任务是帮助他们形成建立亲密关系的自信，让他们意识到他们同普通儿童一样拥有这种权利，并且学会正确行使这种权利。

（2）工作准备。

在有学习障碍或自闭症谱系障碍的年轻人中，只有非常低比例的人能够获得有报酬的工作。改变雇主的观念，才能帮助有学习困难和残疾的年轻人找到工作。该校所做的工作就是通过联系一些企业或单位，为学生和雇主提供双向体验的机会，向雇主证明这类群体具备在不同工作环境下工作的能力，帮助有学习障碍或自闭症谱系障碍的年轻人、其父母或照顾者克服找工作方面的障碍和焦虑，并争取找到有薪的非全日工作。具体而言，学校会为16岁以上的学生提供三类工作，即全职雇佣性质的工作、服务支持性质的工作以及在家自主性质的工作，并将其作为一种课程形式。在课程实施过程中：

- 教师会利用实际工作环境强化课堂学习的内容；
- 一些与工作有关的直接技能会通过该课程直接教授给学生；
- 让学生通过真实的工作锻炼工作技能；
- 工作量会视学生的情况逐步增加，让学生逐渐适应工作强度并不断挑战自我；
- 学生会以班级、小组或成对组合等不同合作形式进行工作；
- 学生会在工作过程中感受不同类型的刺激和奖励，从而更加快速地掌握工作技能；
- 学生会对自己工作的成果进行自我评估并接受工作单位的评估。

（3）同伴指导。

学校的课程设计者认为，只有过来人才知道如何真正克服困难。考虑到学生群体的特殊性，学校会通过两种特别的课程形式帮助学生提升自己。一种方式是推荐表现优秀的学生作为领导者，将自己的学习和成长经验分享给其他同学，成长过程中令自己印象深刻的心路历程是分享的重点内容。另一种方式是校长通过定期报告把学生们的意见传达给管理机构。同时，为了进一步放大学生的声音，每年男女学生会主席会写信给所有利益相关者，比如州长、卫生和社会服务人员等，表达他们在过去一年的学习中突出的感受及一些改进建议，使得社会各方力量能够为这类学生提供更加精准的服务。

5. 自我评估政策

员工自我评估应当成为日常教学实践的常规组成部分。事实上，在上述政策的实施过程中，诸如“我们做了什么”“我们对于所做的事情了解多少”“我们做得怎么样”“还可以如何改进”等问题贯穿整个学校组织管理的过程，特别是在特殊教育学校这样一种环境下，对于当前教育环境变化的敏感更为重要。崔尼蒂·菲尔兹学校与资源中心形成了一套自我评估所需遵循的基本准则，并要求员工以自我提问的形式从不同方面评估与反思自己所组织的教育相关互动，从而构建一套包含监督与评估、计划与改进、实施与提升的循环评估体系。这里重点介绍该校的自我评估准则和不同方面自我评估所需反思的问题。

（1）自我评估准则。

在员工个体开展自我评估时，需要遵循以下准则，以保障其评估过程的可靠性。学校管理者以检核表的形式使用这些准则，从而快速识别员工自我评估报告中是否对自己的教学计划、行为、资源利用以及对学生的支持等方面做出了恰当的评估。

- 保障性：要基于充分、强有力、看得见的证据进行自我评估。
- 一手性：需要从直接观测获取的一手数据入手进行评估。
- 可信度：要基于共同的、可理解的标准进行评估。
- 有效性：能够精确地反映哪些成果得以实现，确保所提供的判断和证据相符合。
- 无偏性：秉承机会均等原则，尊重差异，保障价值观的中立。

• 综合性：从多个角度全面自我反思，避免结构性缺失。

（2）自我评估所需反思的问题。

在学校管理系统中，不同角色的员工在自我评估时所需考虑的问题不尽相同。崔尼蒂·菲尔兹学校与资源中心在自我评估政策中对不同类型工作的自我评估应当考虑的问题进行分类梳理，使得自我评估能够更加精准有效地服务于学校管理的改进。下面列出在提升学生幸福感、教学与学习经验、领导力等方面所需考量的自我评估问题。

提升学生幸福感：

• 我们是否时常与学生保持交流，以了解他们的想法？

• 在我的努力下，学生在学校是否能够感觉到安全（包括现实生活的安全和网络安全）？

• 在食物的选择以及锻炼方面，我是否为学生提供了合适的选择？

• 学生在学校是否能够感受到平等、可持续的发展，以及其他相应的学生权利？

• 我们在帮助学生免于欺凌、骚扰和歧视方面做了哪些具体而有效的工作？

• 学生们能够感受到幸福吗？

教学与学习经验：

• 学生是否对学校学习充满兴趣？

• 我对待学生的态度能否让学生感受到教师对他们的期待？

• 学生是否有机会面对困难与挑战，并坚持寻找解决问题的方案？

• 我的教学计划是否能够满足学生的学习需要？

• 学生是否有明确的学习目标？我的教学方式能否让不同水平的学生都可以有合适的学习方法以实现他们的目标？

• 我是否为学生提供了及时的反馈？我的反馈能否让学生感受到他们哪里做得很好，哪里还有待加强？

• 我的教学能否帮助学生在语言、数学、信息技术等方面有所发展？

领导力：

- 我是否能够恰当地组织各类资源？
- 我能否和同事建立共同的愿景，营造合作学习的文化？
- 我是否能够帮助其他教师一起成长？
- 我所做的事情能否引起其他同事和学生在价值方面的共鸣？
- 在改进过程中，我对于待改进事物的优先级是否有清晰的判断？
- 在我的管理下，学生是否变得更具领导力？

（3）政策对应条款。

条款 28：缔约国确认儿童有受教育的权利。

条款 29：缔约国一致认为教育儿童的目的应是：（a）最充分地发展儿童的个性、才智和身心能力……

条款 42：缔约国承担以适当的积极手段，使成人和儿童都能普遍知晓本公约的原则和规定。

（三）实施效果

崔尼蒂·菲尔兹学校与资源中心是一所十分注重权利与责任的学校。2017 年，该校荣获由联合国儿童基金会设置的“尊重权利学校奖”，该奖项通常会颁发给那些全球范围内在帮助学生更加自信、有同情心且能独立地学习与工作方面有突出表现的学校，获得该奖项的学校对学生在学校学习和生活中所应拥有的权利和承担的责任有着清晰的认识，并且懂得如何建立相应的规则来反映这些权利和责任。①

崔尼蒂·菲尔兹学校与资源中心的特殊教育实践为我国开展类似的教育创新活动提供了系统的经验。事实上，在过去 20 余年间，我国特殊

---

① Trinity Fields School and Resource Centre. Strengthening opportunities for pupil leadership[EB/OL]. [2021-03-01]. https://www.estyn.gov.wales/effective-practice/strengthening-opportunities-pupil-leadership#:~:text=The%20school%20strengthened%20opportunities%20for%20pupil%20leadership%20and,opportunities%20for%20individuals%20to%20fulfil%20specific%20high-profile%20responsibilities.

教育事业取得了长足的进步。教育部的统计数据显示，与1998年相比，2018年全国特殊教育学校数量增长40.2%，学校占地面积增长2.26倍，教学及辅助用房面积增长3.33倍，特殊教育在校生同比增长85.8%。截止到2016年年底，基本普及残疾儿童义务教育的目标已经达成，传统视力、听力、智力三类残疾儿童青少年义务教育入学率达到90%以上。就读于特殊教育学校的学生增长了2.35倍，越来越多具有特殊教育需求的学生能够进入专门的特殊教育学校接受系统的教育。

与此同时，国家在特殊教育学校专业化方面也出台了一系列文件。2016年12月教育部发布《盲校义务教育课程标准（2016年版）》《聋校义务教育课程标准（2016年版）》《培智学校义务教育课程标准（2016年版）》等特殊教育学校义务教育课程标准，其中特别强调要加强对特殊儿童沟通交往能力的培养，重点解决特殊儿童的潜能开发和功能补偿问题，促进他们全面发展、更好地融入社会。2017年，教育部等七部门印发《第二期特殊教育提升计划（2017—2020年）》，进一步强调要加大支持特殊教育的力度，专门制定特殊的政策措施，给予残疾学生特别扶助和优先保障。[①]然而，依据《中国特殊教育发展报告（2018）》，因为特殊教育资源所存在的空间结构性矛盾等问题，部分地区特殊教育学校在满足特殊儿童教育需求方面还存在专业资源支持不足等问题。[②]

如何根据国家或国际具有广泛公信力的政策文件或标准，系统提升特殊教育质量，让每一名特殊儿童享有公平而有质量的教育，是未来我国特殊教育事业发展所面临的重要课题。

（执笔人：刘启蒙）

---

① 中华人民共和国教育部．教育部发布实施盲、聋和培智三类特殊教育学校义务教育课程标准[EB/OL]. [2021-03-01]. http://www.moe.gov.cn/jyb_xwfb/gzdt_gzdt/s5987/201612/t20161213_291720.html.

② 丁勇，王培峰．中国特殊教育发展报告（2018）[R/OL]. [2020-07-29]. https://www.pishu.com.cn/skwx_ps/literature/6369/10282270.html.

案例三：如何开展众筹学习

众筹学习（crowd learning）是借助众筹（crowdfunding）这一近几年新兴的互联网金融模式发展起来的一类学习模式。众筹的雏形最早可追溯至18世纪，当时很多文艺作品都是依靠一种叫作“订购”（subion）的方法完成的。例如，莫扎特、贝多芬采取这种方式来筹集资金。众筹真正成为一种商业模式则可追溯到美国，距今已经有十余年的历史。早在2006年，沙利文（M. Sullivan）就在互联网金融领域创建了Fundavlog（美国）融资平台，并第一次使用“众筹”这一概念来解释其核心思想。众筹指的是个人和组织通过互联网，从相对较多的公众那里获取单笔相对较少的资金作为项目启动资金，支持他们实现特定目标，而公众可以通过提供资金来参与到项目中并享受某种形式的回报。

与众筹的理念类似，众筹学习指的是利用不同领域群体的专业知识共同回答问题或解决目标问题，它包括公众提供和接收信息以解决问题，为最佳解决方案投票或筹集资金等多种不同的形式。众筹能够创新课程资源供给模式，调动广大教师、学生的积极性，促进社会力量参与到教育过程当中，保障学习的实际成效。众筹学习好处众多，它提供了个人和集体共同学习的机会；呈现了各类不同视角；拓展了一种无须个人投入太多成本即可开展学习的方式。特别是在互联网和在线学习高速发展的今天，采用众筹学习（尤其是基于网络进行众筹学习）的方式，广泛利用不同人的知识、不同平台的大数据，提供解决某一问题的方案或必要的知识，是信息化时代的必然要求。

基于上述众筹学习的优点，以及其在满足教育信息化、现代化发展需求方面的独特优势，本案例希望通过介绍国际上不同机构及组织的线下众筹学习项目，以及当前新兴的若干线上众筹学习平台，推动学校组织发起并充分利用众筹学习项目，在学校自身条件资源有限的前提下丰富学生获取知识的途径，为学生适应未来社会的学习模式以及开展终身学习提供宝贵的经验。

（一）聚焦问题

在过去的几十年里，网络社区已经成为一个巨大的信息数据来源。“众筹”作为一种获取信息的方式，通过一群人的参与，以协作的方式获取相应信息并完成工作与学习。① 众筹学习筹集的不是资金，而是让学习者分享他们对世界的独特看法，理解他人如何开展学习，并建立安全、可扩展的在线共享学习机制，采取开放式、发散型的学习方式，激发群体智慧。

“互联网 +”时代学习模式的变革，主要是基于学习的新诉求和网络技术发展的新趋向。② 在过去几年里，教学理念与方式发生了巨大的变化。互联网时代的教师更容易获取教育资源，并开始探索网络教学新方法。然而，在不断发展的科学技术面前，广大教育实践工作者很难凭借自己的力量跟上新软件、新技术的更新速度，这使得他们在课堂上无法充分享受这些新应用所带来的便利。众筹学习模式的出现有助于减轻教师压力，同时创造了一批全球性的教学和学习受众。

例如，近些年来，各式各样的教育改革项目相继被提出。在国外，较为成功的教育改革项目，如“翻转课堂”“混合学习”等大多是以数字资源为核心教学资源的。我国现在也在大力发展数字教育，尤其是在 2020 年，受新冠肺炎疫情影响，随着“停课不停学”政策的提出，在线教育受到越来越多人的关注。但是，现阶段，我国数字教学资源整体质量较低，大部分课件由教师自己制作，数字课堂缺乏统一的标准，在教

---

① Beñaran-Muñoz I, Hernández-González J, Pérez A. Weak labeling for crowd learning [EB/OL]. [2021-03-01]. https://www.researchgate.net/publication/324793326_Weak_Labeling_for_Crowd_Learning.

② 黄越岭，李鹏，朱德全 . 资源众筹：“互联网 +”时代教师培训课程供给模式变革 [J]. 中国电化教育，2017（1）：58-63.

学设计、动画设计等环节存在诸多问题。由于很多一线教师之前未接触网上授课或微课设计，数字教学资源众筹模式有助于缓解优质数字教学资源匮乏的问题，提高网络教学资源的质量。①

随着网络教学的不断扩展及深入，学校教育的一些问题也开始显现。当一线教师过于关注某个领域，无法对一线教学实际情况进行全面了解时，他们中的某一个人可能无法反映完整的教育诉求。众筹学习可以解决这个问题。在教学过程中学生需要或应该使用什么样的学习资源，一线教师及学生最有发言权。因此，一线教师及学生应成为教育资源开发的核心，在进行资源开发的时候，应积极听取一线师生的意见，关注他们想要学什么、遇到的问题是什么，使得众筹的教育资源贴合一线需要，提高教与学的效率。②

众筹学习利用许多人的专业知识共同回答问题或解决眼前的问题，这种方式可使学习者以较低的成本获取想要学习的内容或所需关注的信息。在一个终身学习的世界中，各种各样的场所和设备都可以提供信息，找到及时、恰当的信息传递设施及方法就显得至关重要。当人们希望能够查看特定的资料，找到某一设备的使用说明书，识别附近正在播放的音乐，或了解某个遗址的艺术品和建筑物时，都可能需要求助他人，此时，众筹学习就将发挥功效。

（二）解决方案

众筹学习涉及线下众筹学习项目和在线众筹学习平台。

1. 线下众筹学习项目

众筹学习可以与学校内的教育实践联系起来。在“地球回响”（Earth

---

① 胡琼. 基于众筹方式的微课教学资源开发模式构建：以辽宁师范大学大学生创业项目为例[J]. 中国教育信息化，2019（5）：52-57.

② 何文涛. 智慧学习环境下基于知识建模图的在线教育资源众筹及其应用研究[J]. 学习环境与资源，2019（4）：59-67.

Echo）项目中，公民科学活动以众筹学习的形式组织，并成为全球公民科学计划的一部分。每年的 3 月 22 日为世界水日，当天，成千上万的学校和个人会对当地的水源进行酸度、氧气含量、温度和混浊度测试，并在世界范围内分享结果，这些结果就成为众筹学习的资料来源。在这个众筹学习项目中，每个参与者都会经历 3 个过程。（1）检测，通过网络资源众筹，可以以较低的价格获取水质检测设备的使用权限，并使用设备完成所在学校周边水源质量的检测工作。（2）分享，每一个参与该众筹项目的个人或团体都可以把自己检测获得的水源质量数据上传到系统中，并可同时分享采集过程、经验、心得与体会等。这样做的好处是每个参与的个体都相当于加入了一个拥有 140 多个不同国家学习者的大型学习社区当中。这个社区里的每一个个体既是学习者，也是学习素材和内容的提供者，更可以成为一名知识传递者。（3）保护，该项目的一个重要目的是提升公众水资源保护意识，因此该众筹学习项目还会邀请国际相关领域的专家编写行动手册（包括如何理解水质判断标准、如何检测水源质量、如何实施净水行动等），制订公共教学计划以及提供延伸阅读的各类资源，使得这一领域的优秀教育资源和前沿研究成果能够广泛惠及社区中的每一个个体，而无须他们支付费用。此外，由于数据采集涉及的地区范围极为广泛，在保障水源采集基本流程的前提下，该项目能够以几乎零成本（绝大部分资金来源于众筹）获得极具代表性的数据，从而为推动全球水资源保护提供助力。

此外，还有其他一些基于公民科学活动的实践，包括《国家地理》筹办的“生物闪电”（Biological Lightening）活动项目。该项目中公众聚集在一个公园中，以发现和识别该地区的所有物种，随后进行共同探讨和分享。该项目的具体运作模式与上面的“地球回响”项目基本一致。这些公民科学活动使普通人有机会了解科学项目的运作方式，崇尚自然并支持科学家的工作。

线下众筹学习项目的学习内容还可以是创建周围环境的噪声图。例如，在课堂上教师提出了一个诸如“鸟类是否受到噪声影响？”的问题。在传统课堂学习中，教师主要通过课堂讨论来引导学生探讨问题的答案，并走出校园进行一些实地调查体验类的活动（例如观察鸟类是否在道路附近筑巢，或在嘈杂和安静的区域内设置喂鸟器，并检查鸟类吃了多少食物）。虽然学生通过这样的过程能够收集数据、回答问题，但这样的学习方式还只是发动了学校内某个班级的学生参与。而在众筹学习模式下，教师可以鼓励学生招募朋友、家人和邻居作为数据收集者。学生展示并解释他们的调查结果，指出潜在的问题，与不同背景的人群交流学习经验。通过学习和研究，学生们可获得宝贵的科学研究经验，提出并解决他们感兴趣的问题。学生获得的不再局限于教师和课本提供的知识，而是真正在实践环境中，由社会各界筹集并分享的宝贵财富。

众筹学习模式将学习放在首位，这些由教育实践需求主导的学习增进了学校与社区的关系，使学生成为活跃的社区学习参与者，而相应领域的资深专家则可以和教师一道成为学生的顾问和支持者。上述几个线下众筹项目，不仅使人们通过观察和实验了解了科学主题，还使他们了解科学实践和科学家所面临的挑战，例如如何提出好的问题、招募活跃的团队、收集可靠的数据、做出明智的决定以及推动重要发现的产生等。

2. 在线众筹学习平台

在线众筹学习平台允许学习者与专家交流思想，将学生的智慧与专家的知识相结合。现在有诸多著名的在线学习平台，除了并称美国三大慕课学习平台的 Coursera、edX、Udacity 以外，还有诸如可汗学院、中国大学 MOOC、网易公开课等，其中都有众筹学习的影子。本案例介绍的平台都来自英国开放大学的报告，这些众筹学习平台在国内还不是非常有名，但是它们各具特色和优势，能够从不同侧面帮助学习者交流。

“证券交易所”（Stack Exchange）网站是一个社区网络，最初成立时是为了给专业计算机程序员提供必要的学习资源，但现在已经扩展成一个包括从数学家到自行车修理工、从科幻小说作家到资深摄影师等具有各种专业背景知识人员的聚集地。“证券交易所”网站众筹学习的对象是这个社区成员提出的问题。每个问题会由提问者归入特定的类型。随后具有同样问题的人会加入其中并总结他们为解决该问题已经尝试过的方法（这些方法通常已经被证明是无效的）。随着问题关注度不断提高，它就以某种形式被标记为“众筹度”高的文章，此时社区中的专家和知识渊博的参与者会参与讨论并提供解决问题的不同方法。这可引起进一步的批评和讨论，即哪个答案最适合解决目标问题，以及具体原因等。有时，参与者采取共同探讨的形式寻找答案，解决问题可能会花费较长时间。在解决问题后，“证券交易所”网站还会提供配套奖励方案，使用信誉和徽章等虚拟货币的形式来支持网站问题解决者升级账号。对于学生来说，他们可以将自己的疑问，例如数学难题发布在网站上，社区中的前辈或者专家可以从不同角度提供解决方案，不仅可以快速解决难题，还有利于学生从多角度思考问题。“证券交易所”网站具有开放性，它不仅可以即时回答问题，还可以为其他人提供支持，寻找知识和答案。

“卵石垫”（Pebble Pad）项目构建的是一个在线众筹学习记录平台。这是一个集众筹学习和学习过程记录于一体的平台。该平台最突出的特征在于便于学生在任何时间、任何地点进行学习并对其学习过程进行评价。在这个网站上，任何一名学生都可以根据自己的兴趣选择想要参与的课程。一旦有足够数量的学生报名参与到某一个课程当中，那么系统就会判定众筹成功并建立相应的课程学习项目。此时，学生可以在自己喜欢的时间开展学习活动。系统在活动适当阶段会嵌套相应的评价任务。学生在完成相应课程学习和评价任务后，还需要创建一系列文档记录自己学习过程中的心得体会。值得注意的是，这并非课程学习的结束，而是课程学习的一部分。事实上，在完成课程学习后，学生的学习效果并不一定是由课程设计者单方面评价，而是同样采用一种众筹的形式完成。学习效果评价人员会对每一名学生的学习过程记录进行评价，将其中他们认为“有效”的成果标记为“证据”。当然，不同评价者在评价同一名学生的学习过程时，会形成不同的证据链。最终会依据证据链的充分程度来判断学生在该门课程学习上是否有效。这样的做法使得每一名学生的学习过程被重新定义为一个“个人学习空间”，它可以帮助学生创建成就记录，并为他们提供反思表现和成就的方法，扩展成就记录的途径。这种模式的好处在于更便于不同学校之间的教育资源互通。如果该平台被应用于多个学校，那么这些学校的课程都可以成为学生众筹学习的目标，而学生在平台上完成的学习过程又成为学校教师评价的主要内容。

尽管取得了一些成功，但这种基于在线学习记录（也称电子记录集）的众筹学习模式影响力比预期的有限。例如，上述通过众筹进行评价的系统旨在将学生的过程性学习数据和平台功能相结合，以尽可能满足每个个体的需求，但在实践中，许多学生发现使用该系统太耗时，并且不是特别有利于明确责任主体，因此如何确定不同主体的责任是该系统需要考虑的问题。

3. 中小学众筹学习实践探索步骤及需要注意的问题

随着互联网技术的迅速发展，中小学教师推动众筹学习实践的主要方式就是建立网络学习共同体，实现资源共建互享。[①] 例如，构建区域性，甚至全国性的网络专业支持系统；进行在线学习案例研讨；开展网络教学合作；等等。借助智慧学习平台中相关功能的辅助，可提高众筹学习效率。

除了进行网上众筹学习实践，建立工作室、进行专业培训等也能够使中小学教师有机会分享众筹学习的经验和教训，提高众筹学习尤其是校内众筹学习的效率。

发起众筹学习项目的有关人员需要选择合适的学生群体，提供能够满足学生兴趣的相关课程，对众筹学习项目进行合理分解，确保每个模

① 陈庆华，姚本先．众筹学习：中小学心理教师专业成长的一种路径选择 [J]. 合肥师范学院学报，2017（2）：1–4.

块有清晰的时间进度表，最后要确保对学生进行恰当的引导，而非简单地命令[①]，确保众筹学习项目能够真正吸引学生，也能让学生学有所获。

好的众筹学习项目的建立并非易事，需要采用“利益驱动 + 政府支持”的方法[②]，提高教师参与热情，发起教育公益行动，推动相关政策制定，助力众筹学习项目的真正落地。

众筹学习除了要关注教学模式的转变，也要注意到教学资源的有效利用与合理供给。在很长一段时间内，教学资源一直掌控在教师的手里，学习以教师为中心，学习材料以教师的推荐书目为中心，学生大多处在被动学习状态。然而，在互联网时代，教师所能掌握的学习资料仅仅是沧海一粟，更多的资源在课堂外、在互联网上。因此，在创建众筹学习项目时，教师要意识到，每一个学生都可能是资源的提供者，学习成为一种师生之间的群体创造行为，教师需要让教学中心发生转变，真正实现课程资源的合理供给与实时共享。[③] 课程众筹为教学质量的提高带来巨大的益处。然而，传统教学模式的思维惯性和积淀习惯，也为众筹教学模式的变革增添了不小的阻碍和变数。要破除旧的习俗，再造新的流程，需要创设课程众筹的先决条件，做好前期准备，洞察课程众筹的运作过程，落实各种制度保障，确保教师的积极性得到发挥。[④]

（三）实施效果

众筹学习好处众多，它虽然仍处于起步阶段，却提供了促进个人和集体学习的机会。众筹学习能够为学生学习提供更多选择。随着科技的

---

① 肖检蓉 . 众包在大学生信息素养教育中的应用 [J]. 湖南第一师范学院学报，2011（6）：87-89, 134.

② 何文涛 . 智慧学习环境下基于知识建模图的在线教育资源众筹及其应用研究 [J]. 学习环境与资源，2019（4）：59-67.

③ 王金涛 . 众筹阅读：创新阅读课程资源供给范式：大数据时代小学语文阅读教学范式变革之四 [J]. 江苏教育，2018（25）：22-25, 30.

④ 黄越岭，李鹏，朱德全 . 资源众筹：“互联网 +”时代教师培训课程供给模式变革 [J]. 中国电化教育，2017（1）：58-63.

进步以及人们自主学习意识的增强，越来越多的人希望能在他们认为合适的时间和地点，对他们感兴趣的内容进行学习。众筹学习可以将学习过程的所有权转让给学习者，让学生在他们想知道的时候，随时获得有关信息。

众筹学习可以让学生更好地监管自己的学习过程。当今社会，对学习者进行管理变得越来越复杂，使学习者独立并能够控制他们的学习路径有可能带来重大益处。不同的人可以共享学习过程并为他人的学习做出贡献，这是以往传统“师生”学习模式无法实现的。

众筹学习是一种低门槛的学习方法，它提供了一种无须投入太多成本即可开展学习的方式。任何一位教师或学生，只要有想法、有创造力，都可以发起众筹学习项目，每一个人也都可以通过众筹学习快速找到即时需求的答案。依靠大众力量，每一个学生都能参与推荐学习内容，课程学习资源因每一个人的参与而更加丰富。

众筹学习能够让学生从单纯的学习者转变为学习共同体的建设者，体现出以学生为中心的现代学习理念。众筹学习模式中，学生既是支持者，也是受益者，并且每一个学生都有展示学习效果、分享学习资源的平台，整个学习过程具有很强的实践性和可操作性。[①]

众筹学习的方向多样，内容丰富，容易激发学生学习兴趣。众筹学习模式中，学习材料可选择的空间大，跨界学习成为可能，学生可以在众筹学习过程中经历最贴近于实际生活的复杂情境问题解决过程。但这需要一小部分人成为积极的贡献者，并非所有资源都是同等可靠的，尤其是在快速发展的新领域中。并且某些问题靠简单的查询不能得到完美解决。

众筹学习的模式决定了它在对其他学习方式、资源和数据的整合方

---

① 王金涛 . 众筹阅读：创新阅读课程资源供给范式：大数据时代小学语文阅读教学范式变革之四 [J]. 江苏教育，2018（25）：22-25, 30.

面具有显著优势。它的传播很可能像滚雪球一样，因为新用户将受益于之前用户提供的所有资源。此外，对学生最有帮助的问题也会被自动识别出来。众筹学习适用于任何领域，因此它为更深入的学习提供了可能性。

众筹学习虽然有好处，但也面临许多挑战。例如：可能需要专家来区分有效的研究和伪科学；在学校教育中，教师可能面临整理来自许多学生及其朋友的数据的艰巨任务；要说服他人加入一个项目可能很困难；等等。众筹学习仍处于早期发展阶段，需要更多的工作来发展好的想法和营造良好的在线环境。

（执笔人：刘心蓉）